불교개론

佛教概論
by MASUTANI FUMIO
Copyright ⓒ 1965 MASUTANI FUMIO
Korean translation rights arranged with Chikuma Shobo Publishing Co., Ltd., Tokyo
through Japan UNI Agency, Inc., Tokyo and Korea Copyright Center, Inc., Seoul
This Korean edition published 2001 by Hyeonam Publishing Co, Seoul

불교개론

초판 1쇄 발행 | 1976년 4월 5일
개정 1판 1쇄 발행 | 1991년 5월 15일
개정 2판 1쇄 발행 | 2001년 4월 20일
개정 2판 14쇄 발행 | 2024년 4월 15일

지은이 | 마스타니 후미오
옮긴이 | 이원섭
펴낸이 | 조미현

펴낸곳 | (주)현암사
등록 | 1951년 12월 24일 · 제10-126호
주소 | 04029 서울 마포구 동교로12안길 35
전화 | 365-5051   팩스 | 313-2729
전자우편 | editor@hyeonamsa.com
홈페이지 | www.hyeonamsa.com

* 잘못된 책은 바꾸어 드립니다.
* 이 책의 한국어판 저작권은 Korea Copyright Center/한국저작권센터를 통한 저작권자와의 독점계약에 의하여 (주)현암사에 있습니다. 신저작권법에 의해 한국 내에서 보호를 받는 저작물이므로 무단전재와 무단복제를 금합니다.

ISBN 978-89-323-1099-2 03220

불교개론

마스타니 후미오 지음 · 이원섭 옮김

현암사

■ 지은이의 말

 이 『불교개론』에 손대면서 나는 세 가지 과제를 염두에 두고 있다.

 첫째 과제는 학문적인 그것이다. 한마디로 말하자면 불교사의 정리를 위한 원리를 부여하는 일이다. 이상하게 들릴지 모르나, 불교학은 오랜 기간에 걸쳐 역사의 개념이 결여된 학문이었다고 할 수 있다. 그 단적(端的)인 보기를 요구하는 이가 있다면, 나는 경전을 이해해 온 태도를 주시해 보라고 하고 싶다. 누구나 아는 일이지만 모든 경은 "이같이 나는 들었다."라는 말로 시작된다. 팔리 어 경전의 "Evam me sutam", 한역의 "여시아문(如是我聞)"이 그것이다. 그것을 현대 학자들은 한 문학 양식으로 보지만, 옛날의 불교인들은 글자 그대로 받아들임으로써 모든 경은 붓다가 직접 그렇게 설한 것이라고 믿었다. 따라서 그런 경전 해석에는 역사의 개념이 개입할 여지가 없었던 것이다.

이런 태도가 바뀐 것은 이른바 '대승비불설(大乘非佛說)'이 나온 다음의 일이다. "대승은 붓다가 설한 것이 아니다."라는 말은 좀 지나친 표현이어서 오해와 마찰이 생기기도 했지만, 귀착한 곳은 결국 경전은 각기 자체의 역사를 지니고 있으며, 결코 붓다가 한꺼번에 설한 것이 아니라는 점이었다. 이리하여 불교학에도 역사의 개념이 도입되어, 지금은 많은 학자들이 각 경전에 대해 그 성립 과정을 해명하고자 비상한 노력을 기울이고 있는 실정이다. 그 성과는 아직도 앞날을 기다려야 할 것이 많으나, 어쨌든 불교는 이제야 겨우 역사에 입각해서 재정리되고 논해지게 된 것이 사실이다. 그러기에 현대의 불교 개론은 불교사의 정리를 위한 원리를 제공해야 한다는 의무를 피할 길이 없다고 생각된다.

둘째 과제는 현대적인 그것으로, 현대의 사상적 상황이 요청하는 과제이다. 오늘날 불교가 놓여 있는 사상적 상황의 가장 두드러진 특징의 하나는 동서 사상의 대규모적인 교류이다. 한 종교학자는 현대의 종교적 상황을 규정하면서 '크나큰 대화'라는 말을 썼거니와, 동서 사상 사이에는 이미 '크나큰 대화'가 활발히 되풀이되고 있다. 그러므로 이런 상황을 무시하고 불교를 논한다는 것은 있을 수 없는 일이다.

사실 우리가 자칫 잊기 쉽지만 불교는 원래 오늘날의 유럽인과 혈연 관계에 있는 인도 게르만족에 의해 성립되었다. 그리고 기원 전후까지는 불교도의 관심은 주로 서쪽으로 쏠려 있었다.

아소카 왕(阿育王, Aśoka, 재위 268~232 B.C.)이 시리아·이집트·마케도니아·키레네(북아프리카에 있던 그리스의 식민 도시)·에피루스(그리스의 북서부)의 왕들에게 사신을 보내서 불교의 취지를 서구에 전하게 한 것은 그 가장 두드러진 보기이다. 그러나 그 꽃은 좋은 열매를 맺지 못했다.

불교의 전도가 아름다운 결실을 보게 된 것은, 그 이후 주로 방향을 동쪽으로 돌렸을 때였다. 승려들은 험준한 산을 넘고 사막을 횡단하며, 또는 조각배로 사나운 물결을 헤치며 동방 세계를 휘돌았다. 그리하여 몇 세기에 걸친 그들의 노력으로 실론·중앙 아시아·중국에서 동남 아시아에 걸친 동방의 여러 민족이 불교를 알게 되었다. 물론 아시아의 동쪽 끝에 위치한 일본에 그 혜택이 미친 것도 그 여파라 할 수 있다. 이리하여 동방 세계에 끼친 불교의 영향은 매우 컸거니와, 오늘날 우리의 입에 오르내리는 '동양 사상'이라는 말은 아마도 이런 역사적 사실을 배경으로 삼지 않고는 성립할 수 없었을 것이다.

그런데 사상의 무대는 근대에 이르러 양상이 크게 달라졌다. 동서의 사상이 유라시아 대륙의 양쪽으로 나뉘어 따로 역사를 일구던 시대는 끝났다. 이제 그것들은 곳곳에서 마주치고 뒤섞이며 이야기를 나누고 있다. 특히 아시아 지역에서 근대화의 선구자 구실을 해 온 일본의 사상적 상황은 이런 뒤섞임의 와중에 처해 있어서, 어떤 뜻에서는 혼란상마저 드러내고 있는 것이 사실이다. 이제 우리의 정신은 예로부터 내려온 동양적인 것과 새로운 서구적인 것 사이를 떠돌고 있다. 이런 상황에서는 불교를 논할 때에도 동서 사상의 교섭이라는 면에서, 바꾸어 말하면 '크나큰 대화' 속에서 다루어야 하지 않을까?

셋째 과제는 현실적인 그것이다. 이 『불교개론』이 '현대인의 불교'라는 시리즈의 마지막 권으로 자리잡고 있는 데서 오는 과제이다. 즉 다른 책들이 각기 어느 한 경전의 해설을 맡고 있는 데 대해, 이 한 권만은 '개설서'로서의 임무를 띠고 있는 셈이다. 그것은 말할 나위도 없이, 이 책이 그런 여러 권을 묶는 유대의 임무, 즉 그것들에게 체계를 부여하는 구실을 떠맡고 있다는 뜻이 된다. 그런 소임을 어떻게 다할지가 셋째 과제이다.

이런 구실은 과거의 불교학에서는 교상 판석(敎相判釋)이라는 방법에 의해 수행되었고, 또 각종 강요(各宗綱要)라는 형식으로써 전개되었다. 교상 판석이란 주로 중국에서 발달했던 경전 비판의 방법이어서, 거기서도 경전들은 분류되고 체계가 부여되어 각각의 가치가 정해졌다. 특히 중국에서는 각 경전이 그 성립의 순서와는 아무 관계 없이 번역되었으므로, 그런 작업에 의해 자기가 받드는 경전의 위치를 확정시킬 필요가 있었다. 그래서 이 방법이 유달리 발달한 것이며, 교상 판석은 어느덧 종파 성립의 필수 요건이 되기에 이르렀다. 그러나 앞에서도 말한 바와 같이 그들의 작업은 모두가 그릇된 전제 위에 선 것이었다. 그들은 모든 경전을 똑같이 붓다가 직접 설한 것이라는 신념에서 출발했으며, 그것은 역사의 개념을 전적으로 무시한 생각이었다. 그러나 이제 우리는 그런 전제가 신기루처럼 사라지는 것을 목격했다. 그렇다면 현대의 불교개론은 옛 사람들의 교상 판석을 그대로 답습할 수만은 없지 않을까?

그러면 어떻게 할까? 그 과제에 대한 나의 대답은 차츰 그 윤곽이 드러날 것이다. 나는 먼저 불교의 기본적 문제를 서양 정신과의 대결에서 파악해 보려고 했다. 제1장 '불교의 본질'은 그런 임무를 띤 것이어서, 나는 그것을 통해 둘째 과제에 대답하려 했다. 그리고 나는 제2장과 제3장에서 붓다의 사상과 실천의 체계를 해명하고자 시도했다. 여기에야말로 불교의 원천이 있을 것임에 틀림없다. 불교는 붓다에서 끝날 수 없다고 나는 생각하거니와, 그렇다고 붓다를 떠난 곳에 불교니 불교의 역사니 하는 것이 존재할 턱도 없는 것이겠다. 나 또한 그런 원점에 서서 불교의 역사를 다시 정리해 볼 수밖에 없다. 그것이 제4장 '불교의 역사'와 제5장 '경전과 종파'의 여러 절을 이루었다. 거기서 첫째 과제에 대한 대답이 나온다면 그것이 각 경전의 평가도 될 수 있을 터이다.

과문한 탓인지 나는 지금까지 이런 불교개론이 있다는 말을 듣지 못했다. 그러나 변변치 못한 재주에 채찍질하고 뜻을 가다듬어 이 임무를 감당해 보려 한다.

마스타니 후미오(增谷文雄)

| 차례 | **불교개론**

■ 지은이의 말 • 5

1 불교의 본질

상대주의의 입장 ·· 17
크나큰 대화 속에서 • 17 / 불교는 상대주의의 입장을 취한다 • 20
법이란 무엇이며, 연기란 무엇인가 • 24

리얼리스트의 사상 ··· 31
어느 비구니의 술회 • 31 / 눈 있는 이는 보라고 하듯이 • 35
현실적으로 증명되는 것 • 39

동양적 휴머니즘 ·· 46
휴머니즘이라는 것 • 46 / 신격화를 거부하는 붓다 • 48
도사(導師)라는 것 • 53

좋은 벗의 집단 ··· 58
나를 좋은 벗으로 하여 • 58 / 우정의 역사 • 62
좋은 사람에게서는 좋은 일이 • 66

2 사상의 체계

연기라는 것 ········· 75
보리수 밑에서 • 75 / 이것이 있음으로 말미암아 저것이 있다 • 78
상대주의의 존재론 • 82 / 무상이라는 것 • 86

고(苦)라는 것 ········· 90
무상한 것은 고(苦)이다 • 90 / 행고(行苦)라는 것 • 94
그것은 불안의 개념이다 • 97

무아라는 것 ········· 103
자기의 의지처는 자기뿐이다 • 103 / 자아에 관한 고정적 관념의
부정 • 107 / 사상에서 실천으로 • 110

열반이라는 것 ········· 114
궁극의 목표로서의 열반 • 114 / 열반의 이미지 • 117
최고선(最高善)의 문제로서의 열반 • 122

3 실천의 요목

붓다의 면모 ········· 129
붓다의 두 얼굴 • 129 / 정각자의 고독 • 131

설법자로서 일어난 붓다 • 135
사상가에서 종교가로 옮아간 과정 • 138

욕망론을 중심으로 ·· 142
첫 설법의 성립 • 142 / 네 가지 명제를 표방하고 • 147
붓다의 욕망론 • 150

극단을 버리고 ·· 156
붓다의 변명 • 156 / 중(中)은 정(正)이다 • 158
중간이 최고이다 • 162 / 성스러운 팔지(八支)의 도(道) • 165

인간은 비기(悲器) ·· 168
한 사람의 길이 아니다 • 168 / 인간은 사회적 동물이다 • 171
이성의 작용 • 174 / 인간의 슬픔 • 177

4 불교의 역사

이단(異端)의 역사 ·· 183
역사 문제의 등장 • 183 / 불교의 역사는 이단의 역사 • 185
불교는 붓다에서 끝나지 않는다 • 190

새로운 물결 ··· 196
붓다가 걸머진 역사적 제한 • 196 / 새로운 이상과 방법의 등장 • 200

새로운 경전의 성립 • 205

중국인의 불교 ──────────────────────── 209
동양의 황금 시대 • 209 / 문화 접촉의 두 가지 형태 • 211
정전(庭前)의 백수자(柏樹子) • 213 / 지관타좌(只管打坐) • 218
일일 부작(一日不作)이면 일일 불식(一日不食) • 223

5 경전과 종파

초기 경전의 성립 ──────────────────── 229
불교 경전은 팽창한다 • 229 / 최초의 경전 편집 회의 • 232
초기 경전의 현형(現形) • 236

후기 경전의 생산 ──────────────────── 242
내가 죽은 다음의 스승 • 242 / 분파의 시작 • 245
대승 경전의 여러 문제 • 250

한역(漢譯) 경전의 구실 ───────────────── 255
중국인의 경전 번역 사업 • 255 / 경전 번역의 방식 • 257
구역과 신역 • 261 / 대장경의 성립 • 264

중국의 종파 ─────────────────────── 268
중국 불교의 여러 종파 • 268 / 교상 판석(教相判釋) • 274

1. 불교의 본질

상대주의의 입장

크나큰 대화 속에서

현대의 사상이 펼쳐지는 속에서 불교의 본질을 살펴보는 일, 이것이 이 책에 주어진 사명의 하나이다. 나는 먼저 이 과제부터 다루고자 한다.

이제 무엇보다도 앞서 확인해 두고 싶은 것은 불교인이 불교계 안에서 불교에 대해 말하면 그만인 시대는 이미 끝났다는 사실이다. 오늘날 우리는 넓고 넓은 '사상의 광장'에 있기 때문에 불교도 역시 거기에서 세계의 온갖 사상들과 만나 '크나큰 대화'에 참여할 수밖에 없게 되었다.

불교라 해도 근원을 따지자면 우리에게는 하나의 외래 사조임이 분명하다. 그것이 긴 역사를 거치는 동안에 완전히 우리의 풍토에 정착하여 오늘에 이르렀기에 어느덧 '우리 것'으로 느껴질 뿐이다. 그것은 어쨌든 19세기 중엽, 서양의 근대 문명에 대해 일본이 문호를 개방할 때까지 불교는 대외적인 사상 논쟁이나 대화의 기회를 갖지 못했음이 사실이다.

하기야 일본에도 불교 외에 유교가 있었고 또한 따로 신도(神道)라는 것이 있기는 했다. 그러나 거리낌없이 말한다면 유교는 불교의 입장에서 보기에 너무나 이질적인 사상이었기 때문에 사상적 논쟁을 벌이기에는 공통되는 화제가 거의 없었고, 신도는 일본 민족의 고유한 생활 관습을 집대성한 것에 지나지 않기에 함께 존재의 법칙을 이야기하고 사상과 실천의 세계에 대해 이야기를 나눌 만한 상대가 되지 못했다.

이리하여 불교인들이 강한 논쟁의 맞수로 지목해 온 것은 언제나 같은 불교인들이었다. 불교사에 자주 나타나는 종론(宗論)[1]이 그 좋은 보기이다. 또 종승(宗乘)이라고 일컬어지는 종파의 학문이 극도로 발달한 것도 그때문이라고 생각된다.

하지만 이제 사정은 달라졌다. 메이지 시대로부터 오늘까지 둑이라도 터진 듯이 밀려든 구미의 사상 조류는 지금도 요란한 물소리를 내면서 우리의 주변을 휩쓸고 있다. 우리는 백 년 가까운 동안 오로지 그것을 받아들이는 데만 급급하여 왔다. 그 사이에 정신 생활의 양상도 아주 달라졌다. 우리의 피부는 여전히 황색이건만 그 속에 담긴 정신구조는 이미 반 넘게 서구화되어 버

---

1) 자기 종파의 우월성을 논하는 것.

린 듯하다. 더 정확히 말하자면 오랜 동양적인 것과 새로운 서구적인 것 사이를 끊임없이 표류하고 있는 것이 우리 정신 상태라고 여겨진다. 시대가 여기에 이르렀는데도 불구하고 불교인들이 구태의연하게 불교 안에 갇혀서 불교를 논하고 있다면, 시대 착오적이라는 비판을 면할 길이 없을 터이다.

한편 구미의 학자와 사상가들이 날이 갈수록 불교에 깊은 관심을 쏟고 있다는 사실도 잊어서는 안 되겠다. 그들이 불교에 주목하기 시작한 것은 대개 19세기 후반의 일이거니와, 그 날 이래 그들의 불교 연구는 급속히 성과를 올려 왔고, 이에 따라 불교에 대한 관심도 갑자기 높아졌다. 요즘에 와서는 동서의 사상을 논하건 세계의 종교에 대해 토의하건, 서구인들에게 불교는 빠뜨릴 수 없는 중요한 항목이 되었다. 바꾸어 말하면 불교는 이제 세계의 사상과 종교가 벌이는 '크나큰 대화'의 광장에 영광스런 초대를 받고 있는 셈이라고 할 수 있다. 그런 뜻에서 불교는 이미 우리네 불교인만의 관심사일 수도 없고, 동양인만의 문제일 수도 없게 되었다. 그렇다면 불교인 또한 그 낡은 성채로부터 나와 자진해서 사상의 광장에 뛰어듦으로써 '크나큰 대화'에 동참해야 하지 않을까?

내가 이제 이 개론에서 '불교의 본질'이라는 이름 밑에 묶으려는 몇 절의 글은 이런 시대 상황에 맞추어 불교의 기본적인 성격을 다루어 보고자 하는 시도가 될 것이다. 불교의 낡은 울타리 속에서 불교를 논하려는 것이 아니라, 사상의 세기적 광장에 서서 누구라도 알아들을 수 있는 세계의 언어 또는 인류의 언어로 불교를 말해 보고자 한다. 더 욕심껏 말한다면, 그리고 가능하다면, 그들의 사유법을 그대로 써서 불교의 성격을 밝혀 보고 싶기도 하다. 그것이 '크나큰 대화'에의 진정한 참여를 뜻한다고 생각하기 때문이다.

불교는 상대주의의 입장을 취한다

그런 대화의 첫 테마로서 나는 우선 "불교는 상대주의의 입장을 취한다."는 명제를 내놓으려 한다.

이 명제(proposition)에 대해서는 아마도 많은 종교인들이 의아한 표정을 지을 것이라고 생각한다. 어쩌면 불교인 가운데도 머리를 갸우뚱거리는 사람이 있을지도 모른다. 왜냐하면 대부분의 종교가 절대주의의 입장을 취하고 있기 때문이며, 또 불교 안에서도 후세에 와서 흔히 이런 경향이 나타났기 때문이다.

이런 점에 대해서는 먼저 기독교의 발언에 귀를 기울이는 것이 좋으리라. 거기에서 절대주의적 종교의 훌륭한 전형이 발견되는 까닭이다. 그들에게는 신이란 천지와 만물의 창조주이다. 그리고 최고의 유일한 존재이다. 그리하여 신은 인간의 처지에서 볼 때 '절대적 타자(Das Ganz Andere)'라고 한다. 또 그 신은 천지가 창조되기 이전부터 있는 이요, 모든 존재는 그로부터 나온 것이어서, 오늘도 또한 '하늘에 계신 아버지'로서 인류 위에 군림하고 있다고 설명된다. 따라서 신을 대하는 인간의 태도는 슐라이에르마허가 말하는 이른바 '절대 의존' 밖에는 없다고 한다.

인간은 무력한 존재이다. 아무리 고민해 보아야 머리카락 하나조차 자유로이 못한다. 착해지려고 마음을 먹으면서도 어느덧 악에 빠지고 마는 것이 인간이다. 만일 이런 사실을 회한과 함께 인정하지 않을 수 없다고 한다면, 사람은 차라리 자기의 모든 것을 털어 버리고 오직 신의 품에 몸을 내던질 수밖에는 없지 않을까? 이렇게 말하는 것으로 보이는 기독교인의 고백은 의심할 여지도 없이 절대주의의 입장에 서 있는 것이라 하겠다.

후세 불교인들의 말 속에서도 이런 것과 일맥상통하는 성격을 발견할 수 있다. 물론 불교에서 말하는 '붓다'란 기독교인이 말하는 '신'과는 그 개념이 전혀 다르다.

그는 천지와 만물의 창조자가 아니다.

최고의 유일한 존재도 아니다.

인간에게 '절대 타자'도 아니다.

그럼에도 불구하고 후세 불교인 중에는 마치 절대자를 대하는 것같이 붓다를 대한 사람들이 있다. 이것은 붓다의 성격을 완전히 곡해한 것이며, 또 붓다 그 분의 뜻에서도 빗나간 생각임이 명백하다. 그들이 그렇게 하지 않을 수 없었던 이유를 캐어 볼 때, 결국은 그들의 인간 해석이 그렇게 만든 것 같다. 그들의 인간 해석의 결론은 잘 알려진 바와 같이 죄악 심중 · 번뇌 치성 · 지옥 일정 따위 비통하기 짝이 없는 표현으로 고백된다. 거기에서 그들도 또한 결연히 자기의 사심을 내던지고, 불지(佛智) 불가사의 · 서원(誓願)[2] 불가사의라 하여 붓다 앞에 '절대 의존'의

정을 피력하기에 이르렀던 것이겠다.

그런 불교의 사고 방식은 긴 불교의 역사 속에 커다란 발자취를 남겼으며 현재의 불교인 중에도 그것을 신봉하는 사람들이 많이 있다. 특히 일본에 널리 퍼져 있는 정토문(淨土門)[3]의 불교는 그 전형적인 것이어서, 오늘날 불교의 주류의 하나를 이루고 있다. 그럼에도 불구하고—또는 '그렇기 때문에'라고 말하는 쪽이 더 적당할지도 모르지만—나는 이제 사상의 광장에 서서 세계의 온갖 종교인 및 사상가들과 '크나큰 대화'를 나누게 된다면, 역시 "불교는 상대주의의 입장을 취한다."는 이 명제를 무엇보다도 앞서 제시하고자 한다. 왜냐하면 이것이야말로 명확히 붓다가 취한 입장이었고, 이것이야말로 불교를 다른 종교와 구별케 하는 가장 기본적인 성격이라고 생각되기 때문이다.

대승 경전이 붓다를 절대화하는 과오를 범했다고 해서 거기에 담긴 많은 진리까지도 부정할 마음은 나에게 없다. 또 과거의 고승 대덕들이 도달한 종교적 경지에 대해서도 나는 겸허하게 고개를 숙일 아량을 가지고 있다. 그러나 그들이나 그런 경전이 붓다를 절대시함으로써 일종의 절대주의에 빠져 들었던 것은 결코 붓다의 뜻을 따르는 것이 될 수 없다는 점만은 여기에서 분명히 할 필요를 느낀다. 그리고 다시 한 번 강조하고 싶다. 불교는 어

---

2) 붓다가 보살 적에 세운 원. 아미타불이 법장 비구라고 불리던 시절에 세웠다는 '사십팔 대원' 같은 것이 그 대표이다.
3) 자력으로 깨닫고자 하는 태도에 대해 어느 부에의 정토에 태어남으로써 구원받고자 하는 교파. 대표적인 것은 극락정토에 왕생하기를 원하는 정토종.

디까지나 상대주의의 입장에 선다고.

이렇게 말하면서도 나는 여전히 이해가 안 간다는 표정을 짓는 독자가 있을 것으로 예상한다. 왜냐하면 불교의 근본적 입장이 이런 말로 설명된 적은 일찍이 없었을 것이기 때문이다. 나 역시 이런 말로 불교의 근본적 입장이 이야기되는 것을 아직 한 번도 들은 일이 없다.

나도 또한 불교의 근본적 입장이 무엇이냐고 질문 받았을 경우에는 항상 그것은 법(法, dharma)이라느니 연기(緣起, paṭiccasamuppāda)라느니 하여 잘 알려진 불교 술어를 가지고 대답하고, 또 그것을 해설하여 왔다. 또 불교의 실천에 관해 묻는 이가 있을 때에는 중도(中道)가 그 근본적 입장을 표현하는 말이라 했고, 붓다의 가르침의 기본적 체계를 물을 경우에는 그것은 이른바 '사제(四諦)'라고 답해 왔다.

이런 것들은 분명히 불교의 기본적 개념임에 틀림없으며, 따라서 나는 그런 설명이 완전히 잘못된 것이라고는 생각하지 않는다. 나는 이 책에서 그런 술어에 대해서도 자세한 서술을 시도하려 하거니와, 잘 생각해 보면 불교의 입장을 불교 술어로 설명한다는 것은 사상의 광장에서 하는 발언으로는 좀 적절하지 못하지 않나 생각된다. 그리하여 불교의 범주에서 벗어나 법이니 연기니 하는 것은 대체 어떠한 사상적 입장일까 하고 검토할 때, 그것은 무엇보다도 상대주의의 입장을 취하는 것임이 드러나는 것이다.

1. 불교의 본질

법이란 무엇이며, 연기란 무엇인가

법(dharma)이라는 술어는 많은 뜻을 가진 말이다. 불교 경전에 나타난 그 용법은 십여 종에 이른다. 그러나 그 주요한 용례만 문제 삼는다면, 다음과 같은 세 가지를 들 수가 있다.

첫째, 그것은 존재 자체를 뜻한다. '모든 존재'라는 뜻으로 '제법(諸法)'이라는 말이 쓰이는 것이 그 보기이다.

둘째, 그것은 존재의 양상을 나타내는 말이다. 즉 존재의 법칙으로서의 법이다.

셋째, 그것은 붓다의 가르침을 말한다. '교법(敎法)'이라고 쓰는 경우가 그 보기이다. 붓다의 가르침은 그가 깨달은 존재의 법칙에 의거하고 있다고 생각되기 때문이다.

그러면 붓다가 깨달았다는 존재의 법칙이란 무엇일까? 그는 오랜 탐구 끝에 마침내 보리수 밑에 앉아서 깨달음을 얻었다고 한다. 불교 용어로 말하자면 '정각(正覺)'이요, '대각(大覺)'이요, '현성 등각(現成等覺 : 깨달음의 실현)'이다. 우리가 마땅히 알아야 할 일은 이것이 무엇이냐 하는 문제이다. 왜냐하면 이것으로 말미암아 그는 '붓다'라고 불리게 되었으며, 이것을 원천으로 하여 불교라고 일컬어지는 모든 내용이 흘러 나온 까닭이다.

그러면 그 깨달음의 내용은 무엇이었을까? 그것은 연기(緣起)라고 일컬어지는 도리였다고 한다. 한 경은 깨달음에 대해 다음과 같은 운문을 남기고 있다.

참으로 진지하게 사유한 끝에
일체의 존재가 밝혀졌을 때
그의 의혹은 씻은 듯 사라졌다.
연기의 법을 알았기 때문이다.　　　(『小部經典』 우다나 1 : 1)

아마도 그 깨달음의 내용이 '연기'라는 술어로 불리게 된 것은 나중에 그 내용이 정리되고 거의 체계가 선 다음의 일이었을 것임에 틀림없으나, 어쨌든 붓다가 깨달은 존재 법칙으로서의 법이란 결국 연기의 도리였음이 확실하다.

연기(paṭiccasamuppāda)란 재미있는 말이다. 그것은 '말미암아'(緣, paṭicca, grounded on)란 말과 '일어나는 것'(起, samuppāda, arising)이라는 말이 결합된 단어이며, 어떤 조건으로 말미암은 발생이라는 정도의 뜻이다. 그것을 중국의 경전 번역가들은 '연기'라고 표현했다.

이 말을 통해서 붓다가 나타내고자 한 것은 그가 깨달은 존재의 법칙이었으므로, 결국 연기란 붓다의 존재론을 말하는 술어라고 할 수 있다. 즉 붓다는 보리수 밑에 앉아 '진지하게 사유한' 결과 일체의 존재는 모두 이 연기의 법칙에 의해 성립하고 있음을 파악한 것이다.

이 세상의 모든 존재는 어떻게 하여 존재하게 되었나 하는 문제를 논하는 학문을 존재자(Onta)에 관한 학문이라는 뜻에서 존재론(Ontologie)이라고 명명한 사람은 근세 독일의 철학자 클라우베르크(Johann Clauberg, 1622~1665)이다. 그러나 인간이 그런 문제에 흥미와 관심을 가지기 시작한 것은 그보다 훨씬 전의 일이어서, 그 사색의 결실은 철학과 종교는 말할 것도 없고 신화에까지 많은 발자취를 남기고 있다. 그러한 사색들은 결국 다음과 같은 세 가지 유형으로 요약할 수 있다고 생각한다.

그 첫째는 만들어진 것으로 생각하는 유형이다.

"태초에 하느님께서 천지를 창조하시니라."

구약 성서 창세기에 나오는 창조 신화가 그 대표적인 보기이다. 이런 견해를 받아들일 때 피조물로서의 우리에게는 창조자인 신을 향해 "왜 나를 이렇게 만들었는가?" 하고 탓할 권리는 당연히 없다. 거기에서부터 창조자로서의 신의 절대성이 생겨나게 되어 사람은 오직 그 뜻에 복종해야 할 뿐이라는 결론이 나온다.

그 둘째 것은 '유' 즉 '있는 것'으로 생각하는 유형이다. 그런 사고 방식의 전형을 우리는 초기 그리스 철학자들의 사색에서 찾아볼 수 있다. 그들은 자주 자연에 대해 말하고, 그것을 설명할 수 있는 원리를 캐어 내고자 노력했다. 그럼으로써 그들이 알고자 한 것은 그 질료(質料), 즉 그것이 무엇으로 이루어졌는가 하는 문제였다. 결국 원물질 또는 원소의 추구였으며, 우리는 거기에서 자연 과학의 싹을 발견할 수 있다.

그 셋째 것은 '생성(生成)' 즉 '이루어진 것'으로 생각하는 유형이다. 이렇게 생각할 때 생성의 이면에는 말할 것도 없이 소명이 따르기 마련이다.

"모든 것은 유전한다(Panta rhei)."

는 명구로 알려진 헤라클레이토스(Herakleitos)가 그 고전적인 대표자이다. 거기서는 자연을 설명하는 원리가 당연히 그 속에 작용하는 원력(原力) 또는 법칙으로서 추구되며, 철학에의 길이 이런 데서 열렸다고 할 수 있다. 그리고 붓다가 보리수 밑에서 얻은 깨달음 역시 이 유형에 속한다고 생각된다.

한 경(『상응부경전』 12 : 20 緣. 한역 동본, 『잡아함경』 12 : 14 인연법)에 의하면 어느 때 붓다는 기원정사(祇園精舍) 즉 제타 숲의 정사에서 이렇게 설한 적이 있다고 한다.

"비구들이여, 연기란 무엇일까. 이를테면 생이 있으므로 노사(老死)가 있다고 하는 이 사실은 내가 이 세상에 나오든 나오지 않든 정해져 있는 일이다. 법으로서 정해지고 확립되어 있는 일이다.

그 내용은 상의성(相依性, idappaccayatā)이다. 그것을 나는 깨달았다. 깨닫고 이제 너희에게 가르치고 설명하여, '너희도 보라'고 말하는 것이다."

짧은 일절이지만 이 속에는 연기의 핵심적인 몇 가지 특징이 나타나 있는 듯이 보인다. 법은 붓다가 이 세상에 나오든 말든

1. 불교의 본질 27

정해지고 확립되어 있다고 한다. 존재의 법칙이란 그런 것이며 붓다는 그것을 발견한 것뿐이라는 이야기가 된다. 또 그것은 상의성이라고도 설명된다. 이것에 의지해 있는 것이라는 정도의 뜻이다. 현대식 표현을 빌리자면 관계성이니 인과성이니 해야 되려니와, 이런 철학적 술어가 생겨나기 이전이니까 붓다는 아마도 두 손바닥을 비구들 앞에 내어 보이면서 이것이 있음으로 말미암아 이것(또 한쪽)이 있는 그런 법칙이라고 이야기했을 것이 눈에 보이는 듯하다.

또 한 경(『상응부경전』 12 : 67 갈대 단. 한역 동본,『잡아함경』 12 : 6 蘆)은 그것을 교묘한 비유로 설명한다. 그 경의 주인공은 붓다의 제자 중에서 '지혜 제일'이라는 사리불(舍利弗)이다.

하루는 그가 바라나시 교외의 미가다야(鹿野)라는 숲에 있을 때, 한 외도(外道)[4] 사상가가 찾아온다. 두 사람은 문답을 주고 받는데 존재와 인간의 운명 같은 것이 그 테마이다.

대체 모든 존재의 창조자는 누구냐고 하는 것이 그 외도의 물음이다. 그것은 앞에서 말한 바 존재에 대한 사고 방식 중 첫째 유형에 속하는 생각이었을 것이다. 그러나 붓다의 제자인 사리불의 생각은 그것과는 전혀 다를 수밖에 없다. 그래서 그는 외도를 위해 연기의 도리를 설명해 준다. 그러나 한 생각에 사로잡혀 있을 적에는 좀처럼 새로운 사고 방식을 받아들이지 못하는 것이 인간이다. 그 외도의 경우도 그러해서 아무리 해도 사리불의

---

4) 불교 이외의 종교나 사상.

말을 알아 듣지 못한다.

"벗이여, 그것은 대체 어떤 일일까?"

그래서 사리불은 한 비유를 들어 연기를 설명한다.

"벗이여, 이를테면 여기에 두 묶음의 갈대 단(束)이 있다고 하자. 이 두 묶음의 갈대 단은 서로 의지하고 있을 때 서 있을 수가 있다. 그것과 마찬가지로 이것이 있으니까 저것이 있는 것이며, 저것이 있으니까 이것이 있는 것이다.

그러나 만약에 그 두 묶음의 갈대 단에서 어느 하나를 떼어 낸다면, 다른 한쪽도 넘어질 수밖에 없으리라. 그것과 마찬가지로 이것이 없으면 저것도 없고, 저것이 없으면 이것도 없는 것이다."

여기에 내가 불교는 상대주의의 입장을 취한다고 하는 이유가 있다. 연기란 결국 상대성의 원리인 것이다. 비유로 말하자면 두 묶음의 갈대 단은 서로 의지함으로써 존재한다는 것, 그것이 연기이다.

붓다가 보리수 밑에서 깨달은 내용은 바로 이런 이치이다. 그리하여 붓다는 이 원리 위에 불교라고 일컬어지는 사상과 실천의 전 체계를 구축한다. 또 무상(無常)의 원리가 그 위에 세워지고 무아(無我)의 도리가 그것을 근거로 하여 주장된다. 그뿐 아니라 중도(中道)의 사상도 그것에 의해 이루어진 실천의 원리라고 할 수 있다. 나는 이것들에 대해서는 항목을 달리하여 자세히 설명할 예정이거니와, 그 어느 것을 검토해도 거기에는 절대자의 그림자조차 찾아볼 수 없다는 것은 충분히 주목해야 할 일인 줄 안다. 절대자란 그 자신에 의해 존재하고 남에게 제약받지 않는 존재를 이르는 말이다. 그런데 이런 절대자의 존재를 완전히 부정하고 상대주의의 원리를 제시한 곳에 그 시대에 획기적이었던 불교의 성격이 드러난다 하겠다.

리얼리스트의 사상

어느 비구니의 술회

다음으로 내가 '크나큰 대화'의 화제로서 내놓고 싶은 것은 "불교는 리얼리스트의 사상이다."라는 명제이다. 이 명제를 논하면서도 나는 먼저 후대의 불교가 만들어 낸 그릇된 인상을 씻어 버리는 일부터 손대지 않을 수 없다.

지금도 일본에서는 불교란 내세의 일을 설하는 것이라고 생각하는 사람들이 적지 않으리라고 믿는다. 이렇게 생각하기에 이른 데에는 여러 가지 이유가 있을 것으로 알거니와, 그 중에서도 불교 승려가 죽은 사람을 위해 장례식이나 재(齋)를 올림으로써 사제자(司祭者) 구실을 해 온 일, 또 불교 속에 생천(生天) 또는 왕생(往生)[5]의 사상이 혼입되어 그것들이 후대의 불교 속에서 큰 조류를 형성한 일 같은 것이 그 직접적이며 가장 큰 이유라고 생각된다. 그것들의 공죄에 대해서 간단히 말하기 어려우나 붓다가 설한 가르침 중에는 그런 사상이 전혀 없다는 것만은 명확히 해 두어야 하겠다.

한 경(『상응부경전』 5 : 7 우파차라. 한역 동본, 『잡아함경』 45 : 9 우파절라)은 '악마 이야기'의 양식으로 어느 비구니의 술회를 다음과 같이 기록해 놓았다. 그 여주인공은 우파차라이다. 어느 날 식사 후 나무 그늘에서 잠시 쉬고 있을 때 악마가 그녀에게 속삭인다.

"비구니여, 그대는 어디에서 태어나고자 하는가?"
"벗이여, 나는 어디에서도 태어나고 싶지 않다."

경의 서술은 여기서부터 갑자기 운문으로 바뀐다. 악마는 이렇게 말한다.

삼십삼천(天)이 계시는 곳
혹은 야마천(炎摩天) 혹은 투시타천(兜率天)
혹은 또 님마나라티노천(化樂天)
혹은 바스바티노천(他化自在天)이 계시는 곳,
그것들을 마음 다해 소망한다면

---

5) 정토에 가서 태어나는 것.

거기에 가서 즐거움을 누리게 되리.

우파차라는 대답했다.

삼십삼천이 계시는 곳
혹은 야마천, 혹은 투시타천
혹은 또 님마나라티노천
혹은 바스바티노천이 계시는 곳,
그것들은 애욕에 얽매이는 곳이어서
다시 마라(악마)의 나라에 가는 것이 되리.

세상은 모두 타고
세상은 모두 불붙고
세상은 모두 불꽃에 싸이고
세상은 모두 뒤흔들리나니
그러기에 뒤흔들리지 않는 곳
세상 사람들이 으레 가려 하지 않는 곳
아마(악마)가 이르지 않는 곳,
거기에 가서 내 마음은 즐기리라.

 여기서 우리는 불교가 악마를 인정하는 것으로 생각해서는 안 된다. 그것은 인간의 내부에서 일어나는 불안이나 미혹의 한 표현 양식에 지나지 않는다. 이 경의 경우도 마찬가지이다. 비구니

우파차라는 식후의 얼마 동안을 나무 그늘에 앉아 쉬다가 언뜻 당시 사람들이 흔히 믿고 있던 천상 세계를 생각했을 것임에 틀림없다.

천(天)이란 여러 신(神)을 가리킨다. 팔리 어에서는 devā라고 한다. 그 신들에게는 저마다 자기의 세계가 있어서 거기에는 특유한 장엄(莊嚴)[6]이 있고, 특유한 즐거움이 있다는 것이 인도인의 민속 신앙이었다. 그들은 그 속에서 자기 마음에 드는 것을 선택하여 이 세상에서 목숨이 끝난 다음에는 그 세계에 태어나기를 염원했다. 그것이 이른바 생천의 소망이다.

그런 세상 사람들의 소원이 언뜻 이 비구니의 머리를 스치고 지나갔을 터이다. 그러나 그녀의 스승인 붓다의 가르침은 그렇지가 않다. 그것을 그녀는 마음속에서 다시금 되새겨 보았던 것이다.

붓다는 그런 천상 세계조차도 욕망의 소굴이라 말씀한다. 거기에 마음을 두는 것은 다시 악마의 나라로 가는 것이라고까지 말씀한다. 그렇다면 우리의 소망은 어디로 향해야 할까. 천상계까지도 포함해서 이 세상은 모두 욕망에 얽매여 있다. 그리고 격정(激情)의 지배를 받고 있다. 이 사실을 가리켜 붓다는 "세상이 모두 타고 있다."고 말씀한다. 또는 "세상 모두가 뒤흔들리고 있다."고도 하신다. 그런 곳에는 평화와 편안이 있을 수 없다. 우리는 속히 이 불꽃을 끄고 다시는 뒤흔들림이 없는 곳에 자기를 확

---

6) 아름답게 장식하는 것.

립해야 한다. 이것이 스승이신 붓다의 가르침이다. 이 길은 세상 사람들이 택하는 것과는 다를지 몰라도, 나는 그러한 경지를 실현하여 거기에서 마음의 평화를 찾고 싶다. 우파차라의 대답은 이런 뜻일 것으로 생각된다.

그렇다고 해서 천상 세계가 있고 죽은 다음에 거기 가서 태어나기도 하건만, 그것을 원치 않는다는 뜻으로 생각해서는 안 된다. 적어도 그것은 붓다의 뜻이 아니다. 모든 것이 연기의 법칙에 의해 이루어진다고 할 때 마음을 떠난 육체, 육체를 떠난 마음(영혼)이란 인정할 수 없는 까닭이다. 죽은 다음에 다시 태어난다는 따위의 생각은 발을 붙일 여지가 없다고 보아야 옳다. 세상에서는 흔히 윤회 사상을 불교 특유의 것인 양 오해하지만, 그것은 인도에 보편화된 하나의 상식이었을 뿐 결코 붓다의 생각은 아니다. 물론 후세의 불교가 그것을 받아들인 것까지는 부정할 수 없지만 말이다.

눈 있는 이는 보라고 하듯이

또 하나의 경(『중부경전』 72 바차고타 화유경)은 붓다가 말하는 이상의 경지인 열반(涅槃. nibbāna)도 또한 결코 타생(他生)과는 관계 없는 것임을 매우 구체적으로 서술하고 있다. 그것 역시 붓다와 외도의 문답으로써 해명된다.

그때 붓다는 사바티(舍衛城) 교외의 제타(祇陀) 숲에 계셨다. 마침 바차고타라는 외도가 찾아와 붓다의 가르침에 관해 여러 가지를 묻는다. 그 질문이 이른바 해탈의 문제에 미쳤을 때, 그는 전혀 빗나간 질문을 하고 만다.

"세존이시여, 세존의 제자들이 해탈했을 때 그들은 어디에 가서 태어나게 됩니까?"
"바차고타여, 어디에 가서 태어난다는 그런 것과는 다르니라."
"그러면 세존이시여, 그들은 어디에도 가지 않는다는 말씀입니까?"
"바차고타여, 어디에 가서 태어난다든지 태어나지 않는다든지 하는 것은 문제의 핵심에서 빗나간 생각이다."

해탈(vimutta)이란 해방 또는 자유의 개념을 나타내는 술어이다. 진정한 해방이나 자유라면 어디에 가서 태어난다는 구속이 없어야 할 것이겠으나, 관심이 기껏 내생이나 생천(生天)에 매여 있는 사람에게는 해탈한 사람은 어디에 가서 태어날지가 궁금할 것임에 틀림없는 사실이다. 그러나 붓다로서 볼 때에는 이런 엉뚱한 질문은 다시 없었을 터이다. 경에는

"이에 나는 무지에 빠졌다."

는 바차고타의 고백이 나오거니와, 사실 그는 무엇이 무엇인지 어리둥절했던 모양이다.

그래서 이번에는 붓다가 되묻는다.

"바차고타여, 그러면 내가 묻겠으니 생각나는 대로 대답해 보라. 만약 이제 그대 앞에서 불이 타고 있다고 한다면 그것을 어찌 생각하겠는가?"
"그것은 세존이시여, 다만 불이 타고 있을 따름입니다."
"바차고타여, 그대의 말이 옳다. 그러면 그 불은 왜 타고 있느냐고 묻는다면 어떻게 대답하겠는가?"
"그것은 나무가 있으니까 탈 것입니다."
"그렇다. 그러면 좀 있다가 그 불이 꺼졌을 때 그대는 어떻게 말하겠는가?"
"그것은 불이 꺼졌을 따름이지 않습니까?"
"그러면 바차고타여, 그 불은 꺼져서 어디로 갔느냐고 묻는다면 그대는 어떻게 대답하겠는가?"
"그것은 질문이 좀 이상한 듯합니다. 그 불은 나무가 있으니까 탔던 것이요, 나무가 없어졌으니까 꺼진 것뿐이며, 꺼진 불이 어디로 갔느냐는 물음은 빗나간 질문이 아니겠습니까?"

여기까지 왔을 때 붓다의 얼굴에는 자비에 넘치는 미소가 감돌았을 것으로 생각된다. 왜냐하면 빗나간 질문을 했던 바차고타 자신이 그것이 빗나간 것임을 스스로 지적했기 때문이다. 아니나 다를까 그는 퍼뜩 자기의 모순을 깨닫고 붓다의 주장이 아주 단순하고 명쾌한 이론임을 알게 된다. 그 감명을 바차고타는 이렇게 고백한다.

"세존이시여. 참으로 큰 사라수(沙羅樹)의 잎과 가지가 떨어져 줄기만이 우뚝 서 있는 것과 같이 세존의 가르침은 지엽이 탈락하고 오직 줄기만으로 확립되어 있나이다."

가을이 차차 깊어지면 나무들도 그 장식을 벗어던지기 시작한다. 오동나무 같은 것은 잎도 가지도 다 떨어지고 오직 줄기만이 우뚝 서게 된다. 그의 말은 우리로 하여금 가을의 그런 풍경을 떠올리게 한다. 붓다의 가르침은 그와 같이 단순·명쾌하다는 것이 그가 말하고자 하는 내용이리라. 이리하여 그는 다시 다음과 같이 찬탄한 끝에 그 자리에서 붓다에게 귀의했다고 한다.

"위대하셔라 대덕(大德)이시여, 위대하셔라 대덕이시여. 이를테면 넘어진 것을 일으키심과 같이, 가려진 것을 나타내심과 같이, 헤매는 이에게 길을 일러 주심과 같이, 또는 어둠 속에 등불을 가지고 와서 '눈 있는 이는 보라'고 하심과 같이, 이렇게 세존께서는 온갖 방편으로써 법을 밝히셨나이다. 저는 이제 세존께 삼가 귀의하나이다. 또 그 가르침과 교단에 대해 귀의하나이다."

이런 술회나 고백이 주는 인상은 오늘날 일반적으로 사람들이 불교에 대해 지니고 있는 인상과는 성격이 매우 다를 것이라고 생각한다. 불교라고 하면 무엇인가 비현실적인 기괴하고 복잡·난해한 것인 듯 생각하는 사람이 많다. 그것도 결코 이유가 없는 일은 아니다. 그러나 이제 그 근원으로 거슬러 올라가서 붓다 그 분의 사상을 캐어 볼 때, 그것은 바차고타가 찬탄한 것 같은 성격이었음을 인정하지 않을 수 없게 된다.

 붓다는 어디까지나 한 사상가였기에, 그 가르침은 정연한 조리와 체계를 갖추고 있다. 그것을 이해하기 위해서는 다소의 지적 교양이 필요한 것은 사실이지만, 일단 이해하고 난 사람에게는 아주 명명 백백한 이치였으며, 어둠 속에 등불을 가지고 와서 '눈 있는 이는 보라'고 말하는 것처럼 지극히 단순·명쾌했을 터이다. 그것은 붓다가 어디까지나 리얼리스트의 입장을 고수한 사상가이기 때문이다.

현실적으로 증명되는 것

 붓다를 리얼리스트(현실주의자)로 단정하는 데에는 제법 용기와 결단이 필요하다. 왜냐하면 불교의 긴 역사 속에서 그 분을 그렇게 부른 사람은 아무도 없었기 때문이다. 그러나 초기의 제자들이 붓다의 가르침에 대해 이야기한 것을 보면 그들도 명백히 현실을 중시하는 사람이라는 인상을 붓다에게서 받고 있었다는 것이 드러난다. 그런 고백의 유형적 표현은 이런 것이다.

 "이에 성제자(聖弟子)는 붓다의 가르침에 대해 무너짐이 없는 믿음을 성취한다.

가르침은 세존에 의해 잘 설해졌다. 즉 이 가르침은 현실적으로 증명되는 것, 때를 격하지 않고 과보(果報)[7]가 있는 것, 와서 보라고 말할 수 있는 것, 능히 열반에 인도하는 것, 또 지혜 있는 이가 저마다 스스로 알 수 있는 것이라고."

이것을 현견(現見)이라 번역한다. 현실에서 볼 수 있는 것이라는 뜻이다.

이것 역시 초기의 경전(아함부의 여러 경) 속에 여러 차례 되풀이되어 나타나는 유형화된 표현이거니와, 그 내용은 붓다의 가르침의 기본적 성격을 아주 요령 있게 항목별로 늘어놓은 것이라고 볼 수 있다. 그 중심적인 것을 열거하면 이렇게 된다.

1) 현실적으로 증명되는 것.
2) 때를 격하지 않고 과보가 있는 것.
3) 와서 보라고 말할 수 있는 것.
4) 능히 열반에 인도하는 것.
5) 지혜 있는 이가 저마다 스스로 알 수 있는 것.

그리고 이 중에서 적어도 처음의 세 항목은 붓다의 가르침이 리얼리스트의 사상이었음을 나타낸 것이라고 보인다. 그러나 이

---

[7] 어떤 행위에서 오는 결과.

항목들은 그다지 익숙하지 않은 표현임에 틀림없으므로 조금 설명을 해야 하겠다.

첫째, 그 가르침은 현실적으로 증명되는 것이라고 한다. 붓다가 설한 것은 모두가 인생의 현실 문제였으므로, 누구라도 편견 없는 눈으로 그 진상을 관찰한다면 그것이 헛되지 않음을 볼 수 있고 증명할 수 있다는 말일 것이다.

만약 붓다가 환상을 말했다면 우리는 그것이 참인지 거짓인지 이 현실에서 따져 보기는 어려우리라.

또 붓다의 설하는 바가 사후에 관한 일, 미래에 관한 일이었다면 우리는 역시 그 진위(眞僞)를 가리지는 못하리라.

그러나 붓다의 가르침은 다른 종교가들의 주장과는 달라서 현실적으로 증명되고 볼 수 있다는 것이다.

둘째로는 때를 격하지 않고 과보가 있는 것이라는 점이 지적된다. 중국의 경전 번역자들은 그것을 '즉시적' 또는 '현생적(現生的)'이라고 번역한다. 이것은 믿음의 결과가 나타나는 시기에 관한 문제이다.

이를테면 그 설하는 내용이 하느님 나라의 도래에 대한 것이라면 그 실현은 즉시적일 수가 없다.

또는 그것이 내세 왕생에 관계된 것이라 해도 그 성과는 당연히 유명을 달리할 그 날까지 기다리는 수밖에 없다.

그러나 붓다의 가르침은 천상의 일에 대한 것이 아니라 지상의 문제에 대한 것이며, 내세의 운명에 관한 것이 아니라 현실의 인간에 대한 것이다. 그것이 여기에서 즉시적 또는 현생적이라는 말로 설명된 것이다.

셋째는 와서 보라고 할 수 있는 것이라고 지적된다. 이것을 중국 사람들은 내견적(來見的)이라고 좀 이상스럽게 번역했거니와, 그 뜻하는 바는 '누구에게나 열려 있는 길' 또는 현대식으로 말하자면 '열려 있는 진리' 라는 정도의 뜻이다.

이를테면 『무량수경』에 나오는 아미타불의 본원(本願)[8]을 믿지 않는다면 염불 왕생은 이해가 되지 않을 것이다. 또는 신의 존재를 의심하는 사람은 영생(永生)의 약속이 믿기지 않을 것이다. 그것들은 누구에게나 열려 있는 진리는 아니다.

그러나 붓다의 가르침에는 그것을 불합리한 채로, 또는 그렇기 때문에 믿어야 한다든지, 이방인에게는 가르쳐 주어서는 안 된다든지 하는 그런 제한은 전혀 없다. 허심탄회하게 귀를 기울이면 누구라도 이해할 수 있는 일, 눈을 뜨고 바라보면 있는 그대로 인식되는 것, 그것이 내견적이라는 말의 뜻이다.

이것을 더 구체적으로 이해하기 위해 한 경(『상응부경전』 35 : 70 우파바나)을 인용할까 한다. 우파바나라는 제자가 붓다에게 이런 것을 물은 적이 있다.

"대덕이시여, '현생적, 현생적' 하지만 대체 무엇이 현생적인 가르침입니까?"

---

8) 붓다가 보살 적에 세운 서원. 법장 비구는 48대원을 세워 아미타불이 되었다고 한다.

그것은 붓다의 가르침의 기본적 성격으로서 열거한 둘째 항목에 관한 것이되, 그것에 대해 그는 구체적으로 말하면 무엇을 가리키느냐고 매우 솔직히 물은 것이다. 이 질문을 받은 붓다는 집착을 보기로 들어 다음과 같이 말씀한다.

"우파바나여, 여기에 한 비구가 있어서 눈을 들어 어떤 물건을 보았다 하자. 그리하여 그는 그 물건을 인식하고 그것에 대해 염심(染心)[9]을 일으켰다 하자. 그때 그는 자기를 돌아보고 '아, 내 속에 염심이 생겼구나.' 하고 이해할 수 있으리라. 우파바나여, 그것이 현생적인 법이니라.

우파바나여, 그런데 여기에 또 한 명의 비구가 있어서 그도 역시 그 눈을 들어 어떤 물건을 보았다 하자. 그러나 그는 그 물건을 인식하면서도 그것에 대해 아무 염심도 일으키지 않았다 하자. 그때 그는 자기 마음을 돌아보고 '아 내 속에 염심이 없구나.' 하고 이해할 수 있을 것이다. 우파바나여, 이것이 현생적인 법이니라."

붓다와 그 제자들의 과제는 물질의 문제가 아니라 정신의 문제였다. 자연의 변화가 아니라 인간의 전환이었다. 그것이 어떻게 실현되고 향상되는지 유의해 보면 누구라도 알 수가 있다. 만약 죽은 다음에 영혼이 어떤 심판을 받게 되느냐 하는 것이 신앙

---

[9] 더러움에 물든 마음. 악.

의 내용이라면 그때에 가 보아야 알 것이다. 그러나 붓다의 가르침은 우리의 마음을 어떻게 향상시키느냐 하는 문제이기 때문에 누구라도 이해할 수 있는 것이다.

집착을 지닌 마음의 괴로움도 알 수 있고 집착을 떠난 마음의 평화도 이해된다. 탐구욕이나 노여움으로 타오르던 마음의 불꽃이 차차 꺼져 가는 과정도 잘 알 수 있다. 또 미망으로 덮여 있던 마음의 어둠이 붓다의 가르침을 이해함에 따라 차차 밝아져 오는 것도 알 수가 있다. 그것들 앞에서는 어둠 속에 등불을 가지고 와서 "눈 있는 이는 보라고 하는 것같이"라고 말했던 것이며, 이제 '현견적'이라 하고 '현생적'이라 하고 '즉시적'이라 하는 것도 역시 그것을 말한다. 그것을 현대식으로 표현하자면 붓다의 가르침은 참으로 철저한 리얼리스트의 그것이었다고 말하지 않을 수 없다.

마지막으로 붓다의 말씀을 하나만 옮기고 싶다. 그것은 『여시어경(如是語經)』이라는 경전이 전하는 말씀이다. 거기서는 각 절(節)마다 "참으로 이를 세존께서 설하셨고 응공(應供;성자)께서 설하셨다고 나는 들었노라."라는 구절로 시작되는 바 그 102절에

"비구들이여, 번뇌를 멸하는 도리에 대해 내가 설하는 것은 그것이 알 수 있고 볼 수 있는 까닭이니라. 알 수 없고 볼 수 없는 것은 설하지 않노라."

는 말이 나온다. 그것은 환상 속에서 사는 사람의 말은 아닐 터이다.

동양적 휴머니즘

휴머니즘이라는 것

불교를 나는 다시 '동양의 휴머니즘'이라고 규정하려 한다. 그러나 불교의 성격을 규정하는 데 이 용어를 쓴 사람은 내가 처음은 아니다. 프랑스의 저명한 동양학자인 실반 레비(Sylvain Levi, 1863~1935)는 1922년 인도의 다카 대학에서 '동양의 휴머니즘'이라는 제목으로 강연을 했다. 그때 그는

"이제 나는 동양과 휴머니즘을 연결하여 한 숙어를 만들었거니와, 이것은 아마도 내가 처음일 것이다."

라고 말했다.

나는 이 용어에 관한 한 명백히 그 영향 밑에 있는 셈이다.

다시 근년에 와서 일본의 불교학자 중에는 불교의 성격을 설명하는 데 인간의 종교라고 규정하려는 시도가 눈에 띈다. 그것도 결국은 불교를 휴머니즘으로 보고자 하는 태도라 하겠다. 어느 것이나 불교란 인간을 중심으로 하고 인간에 초점을 두는 종교라는 확인이 거기에 있기 때문이다.

무릇 휴머니즘이란 말은 이를 나위도 없이 서양 정신 속에서 확립되었고, 그 내용 역시 유럽의 정신사를 떠나서는 성립되지 않는다. 이 말의 참뜻을 캐려는 사람들은 흔히 로마의 희극 시인 테렌티우스(Terentius, B.C. 195?~59)의 유명한 구절을 인용한다.

나는 인간이기 때문에 인간에 관한 일은 무엇이거나
나와 관계가 없다고는 생각하지 않는다.
(Homo sum ; humani nihil a me alienum puto.)

이 시인은 충실한 그리스의 모방자로서 특히 아테네의 희극 작가인 메난드로스(Menandros, B.C. 342~291)의 모방자였던 바, 이 한 구절 속에는 이 지상에 살고 있는 인류 위에 부어지는 '인간 동지'의 감정이 맥맥히 흐르는 듯 느껴진다. 그러니 그가 말한 인류라는 낱말의 내용은 알고 보면 지중해 일대의 인류에 국한된다. 그리고 그 인간 동지의 감정은 중세 천 년에 걸친 데오센트릭(theocentric, 神中心)한 사상 밑에서 질식 상태에 있다가 르네상스(Renaissance)의 도래와 함께 되살아난다. 휴머니즘이라는 말이 좁게는 고대 그리스와 로마의 연구를 내용으로 하게 된 것도 그 때문이다.

동양이 이런 유럽의 정신사와 똑같은 정신의 역사를 경험한 것은 아니다. 따라서 휴머니즘이라는 말이 고대 그리스와 로마를 이상으로 하여 그 고전을 연구하는 것을 뜻하는 한, 우리는 동양과 관련시켜서 이 말을 쓸 수는 없을 터이다. 그러나 이 말의 참뜻이 테렌티우스의 시 구절에 나타난 대로 인간주의에 있는 것이라면, 그런 휴머니즘은 동양에도 얼마든지 있었다고 할 수 있다. 특히 불교에서 우리는 그 전형을 발견하게 된다. 그러기에 나는 불교를 다시 동양의 휴머니즘이라고 규정하여, '크나큰 대화'의 광장에서 이 문제의 해명을 시도해 볼까 하는 바이다.

신격화를 거부하는 붓다

이것에 대해 논하기에 앞서, 나는 한 경(『상응부경전』 22 : 87 바카리)이 전하는 꽤 충격적인 이야기를 소개하고자 한다.

그것은 경의 이름 그대로 바카리라는 병든 비구를 주인공으로 하는 슬픈 이야기이다. 그는 마가다의 서울 라자가하(王舍城)의 어느 옹기장이네 집에서 병을 앓는다. 그러나 병세는 나빠질 뿐이어서 나아질 가망은 없어 보인다. 그때 그가 일으킨 마지막 소원은 다시 한 번 붓다의 모습을 뵙는 일이다. 어떤 사람이 그 뜻을 붓다에게 전한다.

붓다는 그 무렵 라자가하의 교외인 죽림정사, 즉 베루바나(竹林)의 승방에 머물고 있다가 그 말을 듣자 곧 자리에서 일어난다.

붓다의 모습을 본 바카리는 몸을 일으키려 한다. 그러나 붓다는 그것을 만류하며, 그를 다시 편안히 눕게 하고 그 머리맡에 앉았다.

"어떠냐, 바카리야, 견딜 만하냐. 좀 차도가 있느냐?"
"대덕이시여, 저는 이제 마지막입니다. 병은 더할 뿐이어서 아무래도 회복될 가망은 없을 듯합니다. 그래서 저는 마지막 소망으로 세존의 모습을 우러러 뵙고, 두 발에 정례(최대의 경례)를 드리고 싶었습니다."

그때 붓다가 그에게 하신 말씀을 경전을 이렇게 전하고 있다.

"바카리여, 이 나의 늙은 몸을 본들 무슨 소용이 있으랴. 너는 이렇게 알아야 하느니라. 법을 보는 이는 나를 보고, 나를 보는 이는 법을 본다고."

이 말씀은 필시 따뜻한 어조를 띠고 있었을 것이다. 병든 제자의 머리맡에 앉아, 붓다의 마음은 동고 동비(同苦同悲)의 생각으로 차 있었을 것임에 틀림없기 때문이다. 그럼에도 불구하고 붓다의 말씀은 바카리를 깜짝 놀라게 하고 함께 자리를 한 비구들에게 깊은 감명을 준다. 붓다는 자기에게 예배하고자 하는 청을 거부하고, 죽어 가는 제자에게조차 너는 나를 보려 하지 말고 법을 보라고 설한 까닭이다.

이런 이야기를 먼저 인용한 것은 거기에 붓다와 그 제자들의 관계가 잘 나타나 있다고 생각되기 때문이다. 그들은 말할 것도 없이 붓다의 가르침과 수범을 따르는 사람들임에 틀림없다. 그러나 붓다는 그들에게 예배의 대상도 아니고 매달려서 구제를 탄원해야 할 상대도 아니다.

물론 불교라 해도 교조(教祖)를 중심으로 하는 종교라는 점에서는 기독교나 회교와 마찬가지이다. 그러나 예수가 기독교에서 차지하는 지위라든지 또는 마호멧이 회교 안에서 담당하는 구실과 비교해 볼 때 붓다와 불교의 관계는 그런 것들과 꽤 다른 점이 있음을 알게 된다. 기독교의 구원은 바울의 말에 의하건대,

"모든 사람이 죄를 범하였으매 하나님의 영광에 이르지 못하더니, 예수 그리스도 안에 있는 구속(救贖)으로 말미암아 하나님의 은혜로 값 없이 의롭다 하심을 얻은 이" (로마서 3 : 23~24)

가 됨으로써 이루어진다. 따라서 그런 구원을 받기 위해서 '천지를 창조하셨고 무소불능하신 하나님 아버지'를 믿고, 또 그 '독생자'인 주 예수 그리스도가 인류를 위해 피를 흘려 속죄했다는 것, 그리고 심판자로서 재림하리라는 것을 믿어야 한다. '사도행전'은 이렇게 말하고 있다.

"나는 그 독생자, 우리의 주이신 예수 그리스도를 믿노라. 그는 성령으로 말미암아 잉태한 동정녀 마리아에게서 태어나셨고, 폰테오 빌라도 때 괴로움을 받아 십자가에 못 박혀 죽임을 당하셨으나, 사흘 만에 무덤에서 부활하여 하늘에 올라가 무소 불능하신 아버지 하나님의 오른쪽에 앉으시어, 거기서부터 산 사람과 죽은 사람을 심판하기 위해 재림하실 것을 믿노라."

이 글은 예수 그리스도가 신의 아들이라는 것, 신과 인간 사이의 중재자라는 것, 또 인간을 위한 속죄자요 심판자라는 것을 나타내고 있다. 따라서 기독교에서는 이런 예수 그리스도의 존재는 영원히 빠뜨릴 수 없는 중심 관념을 이루고 있어서, 그에 관해 이런 신앙 고백을 하지 않고는 기독교가 성립할 수 없음이 명백하다.

불교에도 교조인 붓다 고타마에 대한 신앙 고백은 있다. 붓다의 제자나 신도가 되려는 사람들은 이른바 '삼귀의'를 표명해야 한다.

붓다에게 귀의하나이다.
다르마(法)에 귀의하나이다.
삼가(僧伽 : 교단)에 귀의하나이다.

이 삼귀의에서 붓다에 대한 신앙 고백이 첫 항목을 차지하고 있다. 그러나 그 뜻하는 바는 그가 법을 알고 법을 실천하는 사람이니까, 그 지혜와 인격을 마음으로부터 신뢰한다는 것이며 그 이외의 뜻은 전혀 포함되어 있지 않다.

붓다가 어떤 분인지에 대해 이런 표현이 경전 속에 자주 나타난다.

"붓다에 대해 무너짐이 없는 믿음을 지니노라. 세존께서는 응공(應供)·정등각자(正等覺者)·명행족(明行足)·선서(善逝)·세간해(世間解)·무상사(無上士)·조어장부(調御丈夫)·천인사(天人師)·불타(佛陀)·세존(世尊)이시라고."

여기에 열거된 어마어마한 열 가지 이름은 예로부터 붓다의 '십호(十號)'라고 일컬어지거니와, 그것들을 쉽게 풀이하면 세상의 존경을 받을 만한 사람(응공), 샅샅이 깨달은 사람(정등각자), 지혜와 실천을 겸비한 사람(명행족), 다시는 윤회를 되풀이하지 않는 사람(선서), 이 세상 일을 잘 알고 있는 사람(세간해), 모든 중생의 스승인 사람(천인사), 가장 높은 사람(무상사), 마음을 잘 조종할 수 있는 사람(조어장부), 진리를 깨달은 사람(불타), 세상에서 가장 존귀한 사람(세존)이라는 뜻이어서, 어디까지나 그가 위대한 인간임을 찬미한 것은 될망정 신적(神的)인 존재로서 다루어진 흔적은 전혀 없다.

겉으로 보기에는 어마어마한 느낌이 들지도 모르나 따지고 보면 붓다는 어디까지나 사람이지 신의 아들이 아니며, 신과 인간의 중재자이거나 속죄자도 아님이 분명하다. 더구나 심판자이거나 신일 수는 없다. 신격화의 시도는 한 걸음도 붓다의 교단에 발을 붙일 여지가 없다고 할 수 있다.

도사(導師)라는 것

다른 또 하나의 경(『중부경전』 107 산수가목건련경. 한역 동본, 『중아함경』 144 산수목건련경)에 나오는 이야기를 소개하고자 한다.

그것은 붓다가 사바티(舍衛城) 교외 동원정사(東園精舍)에 계시던 때의 일이거니와, 마침 목가라나(目犍連)라는 수학자가 찾아온다. 그도 또한 불교에 대해 여러 가지 일을 묻기 위해 온 것이지만, 그의 질문은 수학자다운 데가 있어서 매우 재미있다.

그는 먼저 수학의 가르침에는 순서가 있고 단계가 있거니와 붓다의 가르침에도 그런 순서나 단계가 있느냐고 묻는다. 붓다는 언제나 그렇듯이 아주 친절하게 자기의 지도 방법에 대해 설명해 주신다. 그러자 이번에는 그렇게 지도받는 붓다의 제자들은 누구나 빠짐없이 목적하는 경지에 이를 수 있느냐고 그는 다시 묻는다. 붓다는 대답했다.

"벗이여, 내 제자 중에는 거기까지 이르는 이도 있고, 이르지 못하는 이도 있다."

후세의 불교 용어에 '실개성불(悉皆成佛)'이라는 것이 있다. 모든 중생이 다 붓다가 된다는 뜻이다. 물론 그것이 불교인의 이상이어야 하리라. 그러나 현실주의자인 붓다는 어디까지나 현실에 맞게 대답한 것이겠다. 그리고 목가라나가 그것은 어째서냐고 따지고 들었을 때 붓다는 그에게 되묻는다.

"벗이여, 여기서 라자가하까지 가는 길을 알고 있는가?"
"세존이시여, 저는 잘 알고 있습니다."
"그러면 벗이여, 어떤 사람들이 당신을 찾아와 라자가하에 가는 길을 물었다고 하자. 당신은 아마도 친절하게 가르쳐 주리라. 그러면 어떤 사람은 무사히 라자가하에 이르고, 또 어떤 사람은 엉뚱한 곳을 헤매기도 할 것이다. 그것은 어째서 그런가?"
"세존이시여, 저는 길을 가르쳐 줄 뿐입니다. 제가 그것을 어찌할 수 있겠습니까?"
"벗이여, 그대의 말이 옳도다. 무상 안온의 경지(열반)는 틀림없이 존재하며, 거기에 이르는 길도 분명히 있다. 그리고 나는 그 길을 일러 주는 사람이다. 그럼에도 불구하고 내 제자 중에는 그 경지에 이르는 이도 있고 이르지 못하는 이도 있다. 그것을 내가 어떻게 하겠는가. 나는 오직 길을 가르쳐 주는 사람일 따름이다."

이 대목을 읽고 서운하게 여기는 사람도 적지 않을 터이다. 또한 왠지 차가움을 느끼는 사람도 있을지 모른다. 다른 종교라면 이쯤에서 전지 전능한 구제자(메시아)를 내세움으로써 빠뜨림

없는 구원을 약속하리라. 그러나 이 리얼리스트는 '나는 오직 길을 가르쳐 주는 사람일 뿐'이니까 그것을 어떻게 하겠느냐고 말하고 있다. '도사(Skt., nāyaka)'라는 말은 이런 정신에서 생겨난 것으로 보이며, 이 말이야말로 불교라는 종교의 양상을 잘 나타내고 있다고 하겠다.

붓다가 그 수학자에게 이야기한 비유를 그대로 빌리자면, 사람들이 사바티를 출발하여 라자가하로 가고자 할 때 그 길을 가르쳐 주고 또 실제로 인도자가 되어 앞장서서 그 길을 가는 사람이 도사이다. 불교 용어를 사용한다면, 차안(此岸 ; 범부의 세계)에서 피안(彼岸 ; 이상의 세계)에 이르고자 할 때 그 바른 방법을 가르치고 또 그 수범이 되어 주는 것이 도사의 구실임에 틀림없다. 물론 도사라는 말은 교단에서의 붓다의 위치를 규정한 것이어서, 붓다는 어디까지나 이러한 선각자이며 지도자일 뿐 그 밖에는 매달릴 하나님도 없고 기도의 대상이 될 신도 없다는 것이 불교의 근본 정신임을 알 수 있다. 잘 알려진 『법구경』의 한 게(偈)[10]에 이런 것이 있다.

> 자기가 의지할 곳은 자기뿐이니
> 그 밖의 어디에 의지할 데 있으랴.
> 자기가 잘 조어(調御)될 그때,
> 아주 희귀한 의지처가 생기리.

---

10) 불교와 관계되는 것을 노래한 운문.

그것은 말할 나위 없이 인간의 자기 형성의 길이다. 불교란 그러한 인간의 길이다. 이 길에서 요청되는 것은 하나님 앞에 엎드려 죄를 용서하고 구원받도록 해 달라고 기도하는 일일 수는 없다. 신의 은총에 의해 천국에 가는 일도 아니다. 하물며 많은 복을 받겠다든지 역량 이상의 영광을 얻겠다든지 하는 것일 수는 없다. 이 길에서 추구되는 것은 오직 한 가지, 잘 조어된 자기를 확립함으로써 거기에서 궁극의 자유와 안정을 발견하는 일이다.

그것은 험한 길이다. 그 길을 그들은 신에게 매달리지 않고 은총도 바라지 않으면서 오직 혼자서 걸어가야 한다. 그 힘을 북돋아 주는 것이라고는 다만 붓다의 수범과 그 가르침과 서로 앞서거니 뒤서거니 하면서 같은 길을 걸어가는 법의 형제 사이에 맺어지는 우정의 손이 있을 따름이다. 앞에서 말한 세 가지 귀의처, 즉 불·법·승이 바로 그것이다.

이런 불교의 성격을 일찍이 나는 '무신론'이라고 규정한 바가 있다. 불교가 '신 없는 종교'임은 현대의 여러 종교 사이에서 행해질 '크나큰 대화'에서 여전히 크게 주장되어야 할 일임에 틀림없다. 그러나 '무신론'이라는 규정에는 아무래도 여러 가지 어폐가 따른다. 이를테면 이 말은 유물론을 비난하는 뜻으로 많이 쓰이기 때문에 무턱대고 종교를 부정하는 듯한 뉘앙스가 풍기는 점 같은 것이 그렇다. 즉 이 말에는 종교와 함께 인간의 자유까지도 억압하려는 듯한 인상이 따르기 마련이다.

그러나 불교가 무신론의 입장에 선다는 것은 신까지도 하나의 관념, 하나의 우상으로 봄으로써 거기에서부터도 자유롭고자 하는 철저한 인간 중심의 입장이라 생각된다. 그러므로 기독교가 철저한 '신의 종교'인 데 대해, 불교는 철두철미한 '인간의 종교'라고 할 수 있다. 내가 불교를 '동양의 휴머니즘'이라고 규정한 이유도 여기에 있다. 이 점에 대해서는 다음 대목에서 덧붙여 말하고 싶은 점이 있다.

좋은 벗의 집단

나를 좋은 벗으로 하여

 나는 이에 '좋은 벗의 집단'이라는 말로 불교의 성격을 규정해 보고자 한다. 그것은 말할 것도 없이 삼가(僧伽, saṃgha) 즉 교단의 측면에서 바라볼 불교의 양상을 나타내고자 하는 뜻이다.

 붓다는 그 교단을 '삼가'라는 말로 부른다. 매우 의미 심장한 말이거니와, 그것은 당시 외도(外道)의 지도자들이 그 교단을 부르는 데 사용하던 명칭이다. 경 속에도 외도의 지도자에 대해 언급하면서 자주 "삼가를 가지고, 가나(衆, gaṇa)를 가지고"라는 말을 쓰고 있다. 다시 따져 보면 이런 말들은 어느 것이나 대중의 의결에 따라 나라 일을 결정하는 정치 체제, 즉 공화제(共和制)에 의한 정치적 집회를 뜻하는 용어였다. 붓다가 그 중의 하나인 삼가라는 말로 그 교단을 부른 것은 거기서는 모든 사람이 평등하다는 점에서 서로 통하는 성격을 가지고 있기 때문이었을 것이다.

한 경(『증지부경전』 8 : 19 파하라다. 한역 동본, 『증일아함경』 42 : 4 수류)은 그것에 대해 다음과 같은 유명한 일절을 전해 주고 있다.

"이 세상에는 여러 큰 강이 있다. 즉 강가(恒河)·야무나·아치라바티·사라부·마티 따위이다. 그러나 그런 강물들이 바다에 이르고 나면 앞의 이름들은 없어지고 오직 바다라고만 불린다.

그것과 마찬가지로 크샤트리아(刹帝利)·브라만(婆羅門)·바이샤(吠舍)·수드라(首陀羅)의 사성(四姓)[11]이 여래(붓다)가 설하신 법과 율(律)을 따라 출가할 경우에는 오직 사문 석자(沙門釋子)라고 불릴 뿐이다."

인도는 카스트(caste)의 나라이다. 그들이 집에 있을 때에는 가문이라는 것이 있고 혈통이라는 것이 있다. 그리하여 그 엄중한 계급 제도가 그들을 꼼짝도 못하게 구속하기 마련이다. 그러나 일단 붓다의 교단에 발을 들여 놓기만 하면 그런 속박은 모조리 사라져서 모든 사람이 평등하게 된다. 그 모양은 마치 여러 강들

---

11) 인도의 사회 계급. 무사 계급인 크샤트리아와 승려 계급인 브라만, 상공 계급인 바이샤, 천민 계급인 수드라로 이어진다.

이 바다에 이르고 나면 이전의 구분은 완전히 없어지고 마는 것과 같다는 말이다.

그와 같이 붓다의 교단에서는 모든 사람이 문자 그대로 평등하여 계급도 없고, 통솔자도 없고, 또 통솔되는 사람도 없다. 붓다 그 분조차도 그 속에서 그 일원에 지나지 않는다.

물론 그 가르침은 '붓다'라고 일컬어지는 분에 의해 깨우침으로써 그 분에 의해 사람들에게 전파된 것임에 틀림없다. 만약 붓다가 이 세상에 나와 깨달음을 얻고 다시 일어나서 그 내용을 설하지 않았던들 사람들은 영영 이 진리를 몰랐을 터이다. 불교 자체가 성립할 수 없었을 터이다.

그런 뜻에서 볼 때 붓다는 어디까지나 불교의 교조(敎祖)임에 틀림없다. 이 점은 아무도 부정할 수 없을 터이지만, 그렇다고 붓다가 신적(神的)인 속성을 지녔다든지 구제의 권한을 가지고 있다든지 하는 그런 특별한 존재가 아니다. 그도 또한 법(진리)의 체득과 실천이라는 한 가닥 길을 다른 사람과 함께 걸어가고 있는 데 지나지 않는다. 거기서는 붓다와 그 제자들이 서로 손을 잡고 같은 길을 가는 길동무인 것이다. 붓다가 흔히 제자들을 부를 때 "벗이여"라는 말을 쓴 것이 그 명백한 증거라고 할 수 있다.

한 경(『상응부경전』 45 : 2 半. 한역 동본, 『잡아함경』 27 : 15 선지식)은 그것과 관련하여 다음과 같은 붓다의 말씀을 전해 준다.

붓다가 샤캬(釋迦)족의 한 마을에 머무르시던 때의 일이다. 시자(侍者)인 아난다(阿難)가 이런 질문을 한다.

"대덕이시여, 잘 생각해 보옵건대, 우리가 좋은 벗을 갖고 좋은 동지 속에 있다는 것은 이미 성스러운 이 도(道)의 절반을 성취한 것이나 다름없다고 여겨집니다. 이런 생각은 어떻겠나이까?"

아난다로서는 아마도 좋은 벗을 갖는 것의 중요함이 차차 절실하게 느껴져 왔으므로 그것을 이 정도로 생각해도 좋겠느냐는 뜻이었을 터이다. 그러나 붓다는 그런 생각을 고쳐 주거니와, 그것은 절반 정도에 그치는 것이 아니라 이 도의 전부라고 대답한다. 그리고 이렇게 덧붙인다.

"아난다여, 그것은 이것을 생각해도 명확하지 않느냐. 사람들은 나를 좋은 벗으로 삼음으로써 늙지 않으면 안 될 몸이면서 늙음으로부터 자유로워질 수 있다. 병들지 않으면 안 될 몸이면서 병으로부터 자유로워질 수 있다. 또 죽지 않으면 안 될 몸이면서 죽음으로부터 자유로워질 수 있다. 아난다여, 이것을 생각해도 좋은 벗을 가지고, 좋은 동지 속에 있다는 것이 이 도의 전부임을 알 수 있지 않느냐."

여기서 우리는 붓다가 그 제자에 대해 자기를 좋은 벗으로 자처하고 있다는 사실에 주목해야 한다. 그리고 이 경의 주제인 착한 벗을 가지는 것이 곧 도의 전부라고 하는 말은 대체 어떤 뜻인지 다시금 생각해 보아야 하겠다.

우정의 역사

붓다의 교단을 '좋은 벗의 집단'으로서 규정하려는 시도는 내가 그러한 경전들을 읽다가 생겨난 일이다. 초기의 경전 중에는 '좋은 벗(kalyāṇamitta)'에 대해 설한 것이 꽤 많다. 그 중의 한 경(『상응부경전』 45 : 49 선우)은 좋은 벗에 대해 다음과 같은 아름다운 서술을 남기고 있다.

"비구들이여, 너희는 아침에 해가 떠오르는 모양을 잘 알리라. 해가 뜰 때에는 먼저 동쪽 하늘이 밝아지고 그런 다음에 조금 있다가 빛을 찬란히 발산하면서 떠오르지 않느냐. 즉 동쪽 하늘이 밝아짐은 해가 떠오를 선구요 전조라 할 수 있다.

비구들이여, 그것과 마찬가지로 너희가 성스러운 여덟 가지 바른 길(八正道)을 일으키는 데서도 그 선구가 있고 전조가 있으니, 그것은 좋은 벗을 가지는 일이니라.

비구들이여, 그러므로 좋은 벗을 갖고 있는 비구라면 그가 이윽고 성스러운 여덟 가지 바른 길을 배우고 닦아 그 공을 거둘 수 있게 되리라고 기대해도 좋으니라."

또 한 경(『상응부경전』 45 : 63 선우)은 같은 내용을 더 간결하게 다음과 같이 말하고 있다.

"비구들이여, 여기 한 법이 있나니 성스러운 여덟 가지 길을 일으킴으로써 이익됨이 많도다. 그 한 법이란 무엇인가. 좋은 벗을 가짐이 그것이니라.

비구들이여, 좋은 벗을 가진 비구라면 그가 성스러운 여덟 가지 길을 배우고 익혀 그 공을 거둘 수 있으리라고 기대해도 좋으니라."

또 한 경(『상응부경전』 3 : 18 불방일. 한역 동본, 『잡아함경』 46 : 17 종불교)은 코살라의 임금인 파세나디가 붓다에게 다음과 같이 물었다고 전하고 있다.

"세존이시여, 저는 혼자 앉아서 고요히 사색하다가 이런 생각에 도달했습니다.
'세존에 의해 법은 잘 설해졌다. 그것은 좋은 벗과 좋은 동지를 가지는 일이며, 결코 나쁜 벗과 나쁜 동지를 가지는 일이 아니다.'
이런 생각은 어떻습니까?"

여기서도 붓다는 그것에 대답하면서, 좋은 벗을 갖는 것이 도의 전부라고 단언한다.

그럼에도 불구하고 나는 그런 경들을 읽으면서도 오랫동안 아무런 깨달음이 없었다. 그러다가 최근에 이르러서야 우연한 일로 말미암아 뜻하지도 않던 사실을 발견하게 되었다.

인간의 세계에 우정이라는 덕목이 나타난 것은 언제부터일까? 나는 그때까지 그런 일은 생각해 본 적도 없다. 벗이란 좋은 것! 인류의 역사가 비롯할 때부터 으레 있었으리라고만 여겼다. 그러나 깨닫고 보매, 우정에도 그 자체의 역사가 있을 것 같았다. 그래서 나는 고전 중에서 우정과 관계 있는 것을 서둘러 닥치는 대로 읽어 보았다. 플라톤의 『우정에 대하여』를 읽었다. 아리스토텔레스의 『니코마코스의 윤리학』에는 그 8·9권에 우애를 논한 부분이 있다는 것도 알았다. 또 시세로의 『우정에 대하여』는 스키피오 미놀(Scipio Minor, B.C. 2 Cent.)과 라엘리우스(Laelieus, B.C. 3~2 Cent.)의 우정을 논하고 있어 감명을 받았다. 다시 그것들에 의해 호메로스의 『일리아드』나 데오그니스의 교훈시에도 그리고 에우리피데스의 단편에도 우정에 대해 언급한 아름다운 장구(章句)와 찬탄의 말이 여기저기에 나타나 있음을 알았다. 이를테면 에우리피데스는

"마음에 드는 사람이라면, 비록 그가 남이라 해도 만 명의 친척보다도 낫다고 생각하고 사귀라."

고 말한다.

그런 말들은 매우 신선하고, 또 왠지 어마어마한 데가 있다. 그것은 예로부터 내려오는 낡은 덕목을 이야기하는 말투로는 보이지 않으며, 어딘지 새로운 것을 찬미하는 듯한 뉘앙스가 넘쳐 있다. 그리고 생각해 보면, 인간이 부족 생활을 영위하던 시대에는 혈연 관계만이 전부였을 것이며, 그것을 넘어선 인간과 인간

의 정신적 유대—그것이 곧 우정임에 틀림없다—같은 덕목은 설사 있었다 해도 아직 인간의 생활 속에서 큰 구실은 못했을 것으로 여겨진다. 그러면 역사상에서 우정이라고 불리는, 혈연에서 말미암지 않은 인간 관계가 아리따운 모습을 나타내어 큰 구실을 하게 된 것은 언제부터였을까? 그것을 나는 양의 동서를 물을 것 없이 이른바 고대 도시 국가의 생활이 비롯된 무렵일 것이라고 생각한다.

이제 고대 도시 국가인 폴리스(polis)—로마나 아테네가 그것이다—의 구조와 그 안에서 영위되던 생활을 더듬어 보면 대체로 이런 것이었다고 추측된다. 그것들은 모두 성벽으로 에워싸여 있었고, 그 안에서는 몇 만이라는 수효의 시민들이 함께 생활했다. 그러나 그 시민들은 이미 같은 부족에 속하는 사람끼리는 아니었다. 이를테면 아테네에서는 네 부족에 속하는 사람들이 같은 성안에 살면서 정치·경제·종교 및 군사 생활을 함께 했으며, 로마의 경우에는 세 부족이 모여서 그 폴리스를 형성했다. 그렇다고 해서 부족 생활이 아주 자취를 감추지는 않았다. 그것은 한 걸음 물러가고, 그 대신 이른바 시민 사회의 생활이 새로이 등장함으로써 역사는 크게 전환하고 있었다고 할 수 있다. 이런 일은 이미 역사가 자세히 이야기하고 있는 바이어서 신기할 것도 없는 일이지만, 혈연을 넘어선 인간과 인간의 정신적 결합이 처음으로 인류 생활 속에서 나타나기 시작한 것은 바로 이 무렵이었다고 생각한다.

그리고 눈을 돌려 붓다 시대의 인도를 바라보면, 거기서도 역시 새로운 시대적 움직임이 엿보이거니와, 이제껏 없던 몇 개의 고대 도시가 성립하고 있었음을 발견하게 된다. 우리는 주로 불교 문헌을 통해 대체로 열 넷에 이르는 고대 도시의 이름을 들 수 있는데, 그 중에서도 라자가하(王舍城)·사바티(舍衛城)·베사리(毘舍離)·바라나시(波羅捺) 같은 데가 정치·경제적으로 가장 중요한 구실을 했던 것으로 보인다. 그리고 그런 폴리스들이야말로 붓다가 활약했던 중심 무대이며, 그 시민들이 붓다의 주요한 귀의자 또는 외호자(外護者) 노릇을 했던 것이다. 이런 여러 가지 일을 아울러 생각해 보매 붓다가 말씀한 '좋은 벗'의 뜻이 완전히 새로운 각도에서 떠오르는 듯도 하다.

좋은 사람에게서는 좋은 일이

여기쯤에서 후대 불교인들이 자주 사용한 '선지식(善知識)'이라는 말을 살펴보는 일이 매우 효과적일 것으로 생각된다. 오늘날 이 말은 자못 여러 가지 뜻으로 쓰이고 있는 듯하다. 정토진종(淨土眞宗)[12]에서는 신도가 법주(法主)[13]를 부를 때에 이 말을 쓴다. 선종에서는 참선하는 사람들이 사가(師家)[14]를 일컬어 선지식이라 말한다. 더 일반적으로는 사람들을 불교로 이끌어 들이는 고덕·명승을 모두 선지식이라 부르기도 한다. 그리고

---
12) 일본에서 신란(1173~1262)에 의해 생겨난 종파. 범인들이 자력으로 깨닫기는 지극히 어려우므로 오직 염불에 의해 극락 왕생을 바라야 한다는 주장.
13) 한 종파의 우두머리.
14) 스승. 선을 지도하는 이.

때로는 자기보다 못한 사람이라도 그 일언반구에 깨친 바가 있을 경우에

"아, 그도 또한 나에게 선지식이었구나!"

하는 따위로 이 말을 하는 일도 있다. 이런 여러 가지 용례에는 역시 이 말이 지니는 본디의 뜻이 잘 나타나는 듯 보인다.

이 '선지식'이라는 말을 산스크리트에서는 '칼야나미타(kalyāṇamitta)', 팔리 어로는 '칼야나미트라(kalyāṇamitra)'라고 한다. 나는 그것을 요즘 학자들의 관례를 따라 '좋은 벗'이라고 번역했거니와, 과거의 중국인들은 '선지식'이나 '선친우(善親友)' 또는 '승우(勝友)'라고 번역했다. 그 중에서 선지식이라는 말이 지금까지 생명을 유지하여 여러 가지 뜻으로 쓰이고 있는 것이다. 결국 선지식이란 요즘 말로 한다면 '좋은 벗'이라는 뜻이다. 오늘날은 한자를 제한해서 쓰고 있기 때문에 구별도 할 수 없게 되었지만, '지식(知識)'이란 벗을 가리키는 말이어서 '지식(智識)'과는 전혀 다른 말이다.

그런데 이 '선지식'이라는 말의 현재 용법이 말해 주듯이, 불교인에게서는 법주(法主)도 사가(師家)도 명승 고덕도, 또는 나보다 못한 사람도 다 '좋은 벗'임에 틀림없다. 초기 경전에 의하면, 교조인 붓다나 지혜 제일이라는 사리불(舍利弗) 또는 천민 출신인 수니타(須泥多)나 우둔하기 짝이 없던 판타카(周利槃特)나 모두가 '좋은 벗'이다. 거기서는 모든 성원이 완전한 평등의

원칙 밑에 있는 것이다.

이런 불교 교단의 구성을 기독교 교단의 그것과 비교해 보면, 거기에는 역시 중대한 차이가 있는 것 같다. 기독교도 또한 신의 은총 밑에서는 완전히 평등하다고 할 수 있다. 부족에 따른 차별이나 출신에 의한 구별 따위는 아버지이신 하나님 밑에서는 뜻을 잃기 때문이다. 그 해는 모든 사람 위에 고루 비치고, 그 비는 만물 위에 차별 없이 내린다고 보아야 한다. 그러나 그들 위에는 하늘에 계신 신이 있고, 또 그 신이 보낸 중재자로서 예수 그리스도가 있다. 이것을 부정한다면 기독교 교단은 처음부터 성립하지 못한다. 그리하여 신은 하늘에 계신 아버지라 불리고 그들은 모두 그 은총 밑에 있는 형제라고 인식되었다. 그러나 붓다의 교단 위에는 아무것도 존재하지 않는다. 신도 없고 중개자도 없으며 교조인 붓다마저도 그 일원일 따름이다. 그것을 붓다는 앞에서 모든 강물을 받아들이되 흔적이 없는 바다에 비겨 말씀한 것이며, 또 여기에서 그 성원은 모두가 '좋은 벗'이라고 지적한 것이다.

그리고 붓다가

"좋은 벗을 갖고 좋은 동지와 함께 있다는 것은 이 도(道)의 전부이다."

라고 말씀한 것은 무슨 뜻인지 다시 한 번 생각해 봄직하다. 하기는 이에 대한 해명이 경전에 나타나 있지 않은 것은 아니다.

그러나 붓다는 보기를 들어 그 유효성에 대해 말씀하는 데서 그친다. 즉 사람들은 나를 좋은 벗으로 삼음으로써 노(老)·병(病)·사(死)에서 자유로울 수 있지 않느냐, 그것을 보아도 '좋은 벗'이 도(道)의 전부에 해당함을 알 수 있다는 것이다. 만약 붓다가 지금 세상에 살아 계시다면, 거기에 좀더 덧붙여 주시도록 청하고 싶다. 그러나 붓다는 이미 안 계시고 경전은 같은 말을 반복할 뿐이므로, 나는 여기서 눈길을 다른 데로 옮겨 보고자 한다.

앞에서도 언급한 아리스토텔레스의 『니코마코스의 윤리학』 제9권 9장에 이런 말이 있다.

"탁월한 훈련은 테오그니스도 말하고 있는 바와 같이 좋은 사람들과 함께 살아감으로써 가능해진다."

여기서 아리스토텔레스가 테오그니스가 한 말이라고 한 것은 "좋은 사람에게서 좋은 일이……"라는 구절이다. 이 말은 당시에 속담처럼 퍼진 듯한데, 그도 또한 이 구절을 우애의 중심으로 삼아 그다운 분석을 시도한다.

우애의 종류는 하나가 아니라고 전제한 *그*는 우애의 종류와 그 각각의 구조에 대해 메스를 가한다.

그 첫째 종류는 유용하기 때문에 서로 사랑하는 사람들의 우애이다. 그것은 상대방 자체로서 사랑하는 것이 아니라, 상대방이 자기에게 좋은 것을 주기 때문에 사랑하는 태도이다. 바꾸어 말하면 공리적인 우정이다. 그러므로 만약 상대방이 유용하지 않다면 그 우정은 끝날 수밖에 없으며, 무릇 유용한 것이 언제까지나 유용할 수는 없다는 것이 아리스토텔레스의 견해이다. 달면 삼키고 쓰면 뱉는다는 친구 관계가 이것이니, 세상에 흔한 우애란 까놓고 보면 이 부류에 속하는 것이 대부분일 터이다.

둘째 종류의 우애는 쾌락 때문에 맺어진 그것이라고 아리스토텔레스는 본다. 이런 우정은 청년 사이에서 많이 발견된다. 그들은 정념(情念)을 따라 살아가며, 그 추구하는 것은 그들 자신의 순간적인 쾌락이기 때문이다. 그러나 나이가 들어 감에 따라 그 쾌락의 대상도 바뀌기 때문에 그들의 우애도 바뀌기 마련이다. 이 종류의 우애에 대해 아리스토텔레스는 그렇게 생각한다.

그리고 셋째 종류로서 궁극적인 성질의 우애를 꼽는다. 그것은 좋은 사람들의, 즉 탁월성에 맞먹는 사람들 사이에 맺어지는 우애이다. 거기서는 서로가 상대방의 사람됨 자체를 사랑하고 있기에, 그들의 사람됨이 바뀌지 않는 한 그 관계는 지속된다. 그뿐 아니라 그런 우애는 서로 선(善)을 촉진시킨다. 왜냐하면 인간적 탁월성 때문에 사랑하는 사람들은 서로 행복을 꾀하고 선을 북돋는 데 열심이기 때문이다. 그런 벗을 가짐으로써 좋은 사람들의 활동은 끊임없이 이어 갈 수 있다. 대개 이것이 셋째 종류의 우애에 대한 아리스토텔레스의 소견이다. 여기서 그가 지적하고자 한 바는 이것만이 진정한 우정이라는 점, 또 이런 우정에 의해서만 좋은 사람들의 탁월성―동양적인 표현으로는 덕(德)―이 증진된다는 점이리라. 그는 그것을 테오그니스의 교훈시에 나오는 "좋은 사람에게는 좋은 일이……"라는 구절 속에 포함시켜서 설명하고 있는 것이다.

여기서 우리는 붓다가

"사람들은 나를 좋은 벗으로 삼는 것에 의해 노·병·사에서 자유로워질 수 있지 않은가."

라고 말씀한 것도 그런 우정에 대해 언급한 것임을 이해하게 된다.

또한

"좋은 벗을 갖고 좋은 동지와 함께 있다는 것은 이 도(道)의 전부에 해당한다."

고 하신 것도 삼가(僧伽)가 이런 우정의 집단임을 전제하지 않고는 생각할 수 없는 일이라 하겠다.

다시 말하거니와 그것은 험난한 길이다. 거기에는 엎드려서 은총을 기구할 하느님도 없고, 마음을 오로지하여 매달릴 메시아도 없다. 그러나 대신에 우리를 인도해 주는 붓다의 수범이 있고, 좋은 벗들의 손이 큰 힘이 되어 줄 터이다. 그리고 붓다조차도 그 좋은 벗의 하나라는 교단의 양상을 명확히 이해할 때, 불교의 참다운 성격을 파악했다고 할 수 있다.

그러기에 불교는 '좋은 벗의 집단'이라고 나는 말하는 바이다.

2. 사상의 체계

연기라는 것

보리수 밑에서

나는 이제부터 붓다의 사상 체계를 밝혀 보고자 하거니와, 그와 관련해서 무엇보다도 먼저 떠오르는 것은 붓다 그 분의 사람됨이다. 흔히 "글은 사람이다"라고 말한다. 하기야 그 사람됨을 모르고서는 그 사람의 문장에 대해 이러니저러니 할 수 없는 노릇이다. 그것과 마찬가지로 그 사람의 됨됨이를 알지 못하고는 그 사람의 사상이나 종교에 대해 논하기 어렵지 않을까?

이런 사실에 눈뜬 다음부터 나는 불교 연구의 초점 중에 하나를 붓다라는 '사람'에게 맞추었다.

그 사람은 어떤 육체의 소유자였을까?

그 사람도 때로는 피로를 안 느꼈을까?

그 사람은 배가 고플 때 어찌했을까?

그 사람은 병든 적은 없었을까?

그 사람은 어떤 정신적 경향을 지니고 있었을까?

그 사람도 불안한 적, 슬퍼한 적이 있었을까?

그러나 이런 일에 답을 찾기란 몹시 어려운 일이다. 2천 수백 년의 세월이 우리와 그 분 사이를 가로막고 있으며, 그 분의 언행을 전한다는 경전들도 으레 적잖은 성화(聖化)의 프로세스를 거치고 있는 까닭이다. 그럼에도 불구하고 초기의 불교인들은 결코 그 분을 신격화하지 않았고, 초기의 경전들은 아직도 그 분의 인간적인 모습을 그대로 전해 주고 있어서, 그것이 나에게는 얼마나 고마운지 모른다.

그런 자료에 의해 말할 수 있는 것 중의 하나는 붓다의 인간적 인상이 여느 종교인의 그것과는 매우 다르다는 사실이다. 붓다는 성령에 충만해서 신의 계시를 전하는 타입이 아니다. 엑스터시 속에서 행동하는 사람도 아니다. 그는 오히려 고요한 사색 속에서 결론을 끌어내고 정연한 논리로 말하는 사람, 즉 오늘날 볼 수 있는 사상가나 학자의 타입이 바로 그 분의 모습이다. 이를테면 한 경(『소부경전』, 우다나, 1 : 1)은 붓다가 깨달은 직후의 정경을 묘사하여, 다음과 같이 기록하고 있다.

"이렇게 나는 듣자왔다. 처음으로 정각(正覺)을 이루신 세존께서는, 한때 우루베라의 네란자라(尼連禪河) 강가의 보리수 밑에 머물러 계셨다. 그때 세존께서는 한 번 결가부좌하신 채,

이레 동안 해탈의 즐거움을 누리시며 앉아 계셨다.

이레가 지난 다음 세존께서는 그 정(定)[1]에서 깨어나 초저녁 무렵에 다음과 같이 차례대로 연기(緣起)의 법을 관(觀)[2]하시었다.

이것이 있음으로 말미암아 이것(저것)이 있고, 이것이 생김으로 말미암아 이것(저것)이 생기며……"

그것은 아마도 한껏 장엄한 말로 기록된 붓다의 모습이라고 할 수 있으리라. 거기에 나타난 붓다의 모습은 역시 사색하고 명상하고, 또 깨달음을 얻음으로써 인간 최고의 즐거움인 '지혜의 환희'에 잠겨 있는 이미지를 준다. 거기에 나타난 붓다의 모습은 사유하는 인간의 즐거움에 충만한 사상가나 학자의 그것임이 명백하다.

나는 일찍부터 깨닫고 난 붓다가 여전히 보리수나 그 근처의 다른 나무 밑에 앉아서 다시 사색을 계속하던 시기에 대해 깊은 흥미와 관심을 가져 왔다. 그 기간은 얼마나 되었을까? 이에 대한 초기 경전들의 설명은 반드시 일치한다고는 할 수 없다. 다만 저 깨달음의 결정적 순간이 있은 다음에도 붓다는 여전히 몇 주일에 걸쳐 네란자라(尼連禪河) 강가에 머물면서, 다시 사색을 계속한 것은 틀림없다. 그리고 그 사이에 붓다의 가슴속에서 오고 간 생각들 가운데는 그 후 붓다의 생애를 결정지었다고 할 수 있

---

[1] 마음을 한 곳에 집중하여 흩어지지 않게 하는 것. 선정. 삼매.
[2] 선정에 들어 지혜를 가지고 사물을 자세히 관찰하다.

2. 사상의 체계

는 몇 가지 중대 사항이 포함되어 있었을 것으로 보인다. 이런 중대 사항에 대해서는 따로 자세히 살펴야 되겠지만, 지금은 우선 깨달음 직후에 붓다의 첫 사색 내용이 되었던 것, 즉 깨달음의 내포(內包 : intension)를 어떻게 정리했는지에 대해 밝혀 보고자 한다.

이것이 있음으로 말미암아 저것이 있다

이제 깨달은 직후의 붓다가 처음으로 생각한 것에 대해 여러 경들이 기록하고 있는 바를 조사해 보면, 대체로 다음과 같은 세 가지로 요약할 수 있다.

그 첫째는 앞에서도 인용한 바와 같이 '우다나'의 1 : 1에 기록되어 있는 내용이다. 붓다는 이레가 지난 다음 그 정(定)에서부터 깨어나, 초저녁에

"이것이 있음으로 말미암아 저것이 있고,
이것이 생김으로 말미암아 저것이 생긴다."

고 연기의 법을 관찰했다고 한다. 그리고 같은 경의 1 : 2가 전하는 바에 의하면, 다시 밤중에 이르러 같은 연기의 법을 관찰하여

"이것이 없음으로 말미암아 저것이 없고,
이것이 멸함으로 말미암아 저것이 멸한다."

고 단정했다고 한다. 그러고는 다시 계속해서 이른바 '십이 인연'까지 관찰했다는 것이다.

그 둘째는 『상응부경전』 12 : 10 '대석가모니구담'이라고 부르는 경(한역 동본, 『잡아함경』 12 : 3 불박)이 전하는 내용이다. 그것은 붓다의 자서(自叙) 양식으로, 다음과 같이 말하고 있다.

"비구들이여, 나는 아직 정각을 성취하지 못한 보살(여기서는 구도자의 뜻)이었을 때 정념(正念)[3]하여 이렇게 생각했다.

'참으로 이 세상은 괴로움에 빠져 있다. 태어나고, 늙고, 쇠하고, 죽어서 다시 태어난다. 그러면서도 이 괴로움으로부터 떠날 줄을 모르고, 이 노·사에서 떠날 줄을 모른다. 참으로 언제가 되어야 이 괴로움과 이 노·사로부터 떠나는 방법을 알 수 있을 것인가?'

비구들이여, 그때 나는 이렇게 생각했다.

'무엇이 있음으로 말미암아 노·사가 있는 것일까?'

비구들이여, 그때 나에게 바른 사유와 지혜에 의해 해결이 생겨났다.

'생(生)이 있음으로 말미암아 노·사가 있다. 생으로 말미암아 노·사가 있다.'

라고."

---

[3] 팔정도의 하나. 사념을 버리고 수행에 정신을 집중하는 것.

그리고 여기서도 또한 이 서술이 저 십이 인연으로 연결된다.

그 셋째는 '율장' 대품 1의 첫머리에 나오는 서술인바, 거기서는 먼저 정각 직후의 붓다의 모습을 앞에 나온 우다나와 똑같은 말로 기록한 다음에 느닷없이

> "세존께서는 그 날 초저녁에 이르러 연기(緣起)를 순역(順逆)으로 생각하시었다. 무명(無明)으로 말미암아 행(行), 행으로 말미암아 식(識), 식으로 말미암아 명색(名色), 명색으로 말미암아 육처(六處), 육처로 말미암아 촉(觸), 촉으로 말미암아 수(受), 수로 말미암아 애(愛), 애로 말미암아 취(取), 취로 말미암아 유(有), 유로 말미암아 생(生), 생으로 말미암아 노·사·수(愁)·비(悲)·고(苦)·우(憂)·뇌(惱)가 생긴다. 이리하여 이 모든 고온(苦蘊)[4]이 생긴다고."

하여 십이 인연[5]의 성립에 대해 언급한다.

이런 기록들은 결코 제각기 다른 사실에 대해 말하고 있는 것이 아니다. 이 세 가지는 어느 것이나 깨달음을 성취한 직후의 붓다가 여전히 보리수 밑에 머물면서 사색한 깨달음의 내용을

---

4) 사람의 육체. 사람의 몸은 오온(색·수·상·행·식)이 모여 이루어졌으며, 늘 여러 고통을 받기 바련이므로 이르는 말.
5) 미혹의 인과를 열 둘로 나눈 것. 무명 — 미혹의 근본인 무지. 행(行) — 무지로부터 다음의 의식 작용을 일으키는 동작. 식(識) — 의식 작용. 명색(名色) — 이름만 있고 형태가 없는 마음과, 형체가 있는 물질. 육처(六處) — 눈·귀·코·혀·피부·의식. 촉(觸) — 접촉함. 수(受) — 감각. 애(愛) — 즐거움의 추구. 취(取) — 욕구에 따라 물건을 취함. 유(有) — 업(業). 생 — 태어남. 노사 — 늙어서 죽음.

정리하여, 이른바 연기의 법칙을 형성하는 일을 가리키고 있다.

그러나 그 형성 과정을 살펴볼 때, 셋째 경우('율장' 대품)와 같이 대번에 십이 인연이 성립한 듯이 생각하는 것은 진상이 아닐 것이다. 왜냐하면 십이 인연이란 여러 연기의 계열 중에서 가장 길고 복잡한 것이어서, 아마도 그런 계열이 정비된 것은 훨씬 뒤의 일이라고 생각하지 않을 수 없기 때문이다. 또 연기의 계열은 연기의 이법(理法) 자체가 아니라, 연기의 이법을 이 불안한 인간 존재(그것이 '고온'이다)에 적용하여 그 발생과 소멸의 과정을 검토한 응용 문제의 결론인 것이다. 하기야 붓다와 그 제자들에게는 이 고온(苦蘊), 즉 인간의 유한성을 걸머지고 허덕이는 자기 존재야말로 출가의 과제였음에 틀림없으므로 이 용례의 결론(십이 인연)은 매우 중요했을 터이다. 그러나 이 응용 문제를 다루기 위해서는 그 이법을 공식(公式)으로 정비하는 작업이 앞서야 할 것이 확실하다. 첫째와 둘째 경의 서술은 바로 이것을 증명하고 있다고 보인다.

즉 첫째 경은 보리수 밑에서의 사색에서 먼저 정비된 것은 "이것이 있음으로 말미암아 저것이 있고, 이것이 생김으로 말미암아 저것이 생긴다."는 일이었고, 다시 이것을 뒤집어서 "이것이 없음으로 말미암아 저것이 없고, 이것이 멸함으로 말미암아 저것이 멸한다."는 생각에까지 미쳤다고도 전하고 있다. 나는 이것들을 '연기의 공식'이라 부르고자 한다. 모든 존재의 발생과 소멸에 적용할 수 있는 까닭이다.

또 둘째 경은 보리수 밑에서 붓다는 "무엇이 있음으로 말미암아 노·사가 있는 것일까?' 하고 생각했다고 전한다. 이것은 명백히 그 과제에 대해 연기의 공식을 적용한 것임에 틀림없어서 이런 문제 제기가 있고 난 다음에야 비로소 십이 인연이라는 연기의 계열이 생겨났음을 말해 준다. 나는 보리수 밑에서의 사색에서 처음으로 정비된 것은 이러한 '연기의 공식'이었을 것으로 생각하는 바이다.

상대주의의 존재론

연기(paṭiccasamuppāda)라는 말은 아마 이 공식에 의해서 성립했을 것이라고 나는 생각한다. 연기란 말할 것도 없이 역어(譯語)에 지나지 않으나, 이 역어 속에도 그 원어의 뉘앙스는 잘 나타나 있다. 그것은 팔리 어에서 보면, 조건에 의한 발생이라는 뜻의 말이다. 이것을 한역에서는 '연기' 즉 말미암아 일어난다는 뜻으로 번역하는데, 잘 옮겼다고 생각한다.

이미 앞에서도 말한 바와 같이, 그것은 붓다가 보리수 밑에서 깨달은 상대주의의 존재론이라 할 수 있다. 헤라클레이토스는 "모든 것은 흘러간다."고 말했다. 그리고 아리스토텔레스는 "만물은 운동 속에 있다."고 했다.

붓다 또한 생성 유전하는 존재의 모습을 관찰한 결과, 존재하는 것은 모두 그럴 만한 조건이 있어서 생겨난 것이며, 조건이 없어지면 그 존재도 있을 수 없게 된다고 생각한 것이다. 그리고 이런 생각을 앞에 든 것과 같은 공식으로 정리한 것이지만, 다시 그 존재론을 나타낼 명칭이 필요해지자 '조건으로 말미암은 발생' 또는 '말미암아 일어난다'는 뜻으로 paṭiccasmuppāda 즉 '연기'라는 말을 선택한 것임을 알게 된다.

그런 존재론은 당연히 절대적인 것, 영원한 것, 무조건적인 것을 받아들일 수 없다. 절대자(the absolute)란 다른 것들로부터 완전히 독립하여 그 자신만으로서 존재하며, 그리하여 조금도 남에 의해 제약받지 않는 존재를 가리키는 말이다. 그것을 이제 붓다의 사유 형식과 표현을 빌려 나타낸다면 조건 없이 존재하는 것, 제약이 없이 존재하는 것이라 해야 되려니와 이 세상에 그런 식으로 존재하는 것은 하나도 있을 수 없다는 것이 붓다의 견해이다. 그러므로 불교가 무신론을 취하고 상대주의의 입장에 서게 된 것은 어쩌면 당연한 귀결이었다고 볼 수 있다.

어쨌든 보리수 밑에서 깨달은 만유의 진상이란 이런 것이다. 일체의 존재는 어느 것이나 그럴 만한 조건이 있어서 생긴 것, 즉 '말미암아 생긴 것'이다. 그렇다면 일체의 존재는 또한 원인과 결과의 관계로 생각할 수도 있는 것이겠다. 연기의 문제가 마침내 인과(因果, hetuphala)의 문제로서 논해지게 된 것은 이 때문이다. 하지만 이것이 불교 속에서 강조된 것은 좀더 세월이 지난 다음의 일이며, 초기 경전이 전하는 것에 의하면 붓다는 별로 인과를 강조한 것처럼 보이지는 않는다. 때로 인(因, hetu)이라는 말을 쓰기도 했으나, 그것은 대체로 연(緣, paccaya)이라는 말과 병용하여 두 말을 같은 뜻으로 쓴다.

곁들여 말한다면, 중국의 역경승들에 의해 '인연'이라고 번역

된 것은 원래 nidāna(尼陀那)라는 말이다. 『번역 명의집(翻譯名義集)』4는 이에 대해

"니타나, 이를 인연이라 한다."

고 말했고, 또 『번범어(翻梵語)』1에 의하면

"니타나, 번역하여 인연이라 이른다."

고 했다.

이 말은 그 뜻을 조사해 보면 본디 '연결시키다(to bind)'라는 뜻의 동사에서 만들어진 말이어서, 그것으로 관계 또는 조건의 개념을 나타내려 한 것임을 알 수 있다. 붓다가 "무엇으로 말미암아"라고 자문하고, "이것이 있음으로 말미암아"라고 대답한 사실을 가리키는 말인 것이다.

그럼에도 불구하고 중국의 불교인들은 이 '니타나'를 일단 '인연'이라고 옮기고 나서는 그 원어의 뜻을 돌보려 하지 않은 채, 그 역어인 '인연'을 마음대로 주석해 버린다. 구마라습(鳩摩羅什)[6]은 이것을

---

6) Kumārajīva. 중국에 건너와 많은 경전을 번역한 인도 중(343~413). 저서에 『성실론』 『십송률』『대품반야경』『묘법연화경』『아미타경』『중론』『십주비바사론』 등이 있다.

"힘의 강함을 인이라 하고, 힘의 약함을 연이라 한다."

고 설명했다. 승조(僧肇)[7]는

"전연(前緣)에서 생긴 것은 인이요, 현재에서 조성(助成)하는 것은 연이라."

고 주석했다.
또 훨씬 후대에 오자 담연(湛然)은 그 주석에서

"친생(親生 : 직접적인 것)을 인이라 하고, 소조(疏助 : 간접적인 것)를 연이라 한다."

고 말했다. 그런 주석들이 이 말의 뜻의 주류를 형성하여 오늘에 이르렀으며, 일본의 불교학자들도 그 영향 밑에 있던 것이 사실이다.

그러나 nidāna라는 말 속에 인과 연이라는 두 가지 뜻이 포함되어 있는 것은 아니었다. 그런 것은 붓다가 알지도 못하는 일이었다고 보아야 한다. 붓다는 이 말로써도 관계 또는 조건의 개념을 표시하려 했을 뿐이다.

요컨대 이런 존재론을 말할 때 붓다가 주로 쓴 표현은 "말미암

---

7) 구마라습의 고제자. 저서에 『반야무지론』 『열반무지론』 『보장론』 『부진공론』 『물불천론』 등이 있다.

아 일어난다"든지 "조건으로 말미암은 발생"이라든지 상의성(相依性) 따위이다. 그 모두가 상대주의의 입장에 선 발언이고, 그것이 결국 연기의 입장이다.

무상이라는 것

그런데 그 존재론을 설명하면서 붓다가 자주 사용한 용어가 또 하나 있다. 그것은 '무상'(無常, anicca, Skt., anitya)이라는 말이다. 이 말은 상(常)을 뜻하는 nicca에 부정의 접두사 a를 붙여서 이루어진 것이어서, 이를 나위도 없이 영구적인 것·불변하는 것의 존재를 부정하는 말이다. 또 붓다는 때로 이 말을 추상명사화하여 무상성(aniccatā)이라고도 일컫는다. '무상한 것'이라는 정도의 뜻이다.

그런 용례를 찾아보면 한 경(『상응부경전』 22 : 51)에는

"비구들이여, 비구가 만약 무상한 색(色 : 물질적 존재)을 무상하다고 관(觀)하면 정견(正見)[8]에 이른다."

고 했으며, 또 한 경(『상응부경전』 22 : 52)에서는

"비구들이여, 색을 철저히 생각하여 색의 무상성을 여실히

---

8) 팔정도의 하나. 편견을 떠난 올바른 견해.

관찰하라."

고 했음이 그것이다.

생각건대 연기라 하고, 무상이라 하고, 또는 무상성이라 해도 이것들은 별개의 것을 말하고 있음은 아니겠다. 이 모두가 상대주의의 존재론에 입각한 붓다의 발언임에 틀림없다. 하지만 그런 말들의 용법을 세밀히 검토해 보면 역시 각기 미묘한 뉘앙스가 있다는 것을 알게 된다. 특히 연기와 무상의 용법을 대조적으로 고찰해 볼 때 거기에는 이 존재론에 대한 시추에이션의 차이가 있는 것 같다.

결국 모든 존재의 양상에 대해 객관적인 입장을 취한다면, 이 존재론은 상이성의 것, 연기성의 것이라고 표현될 터이다. 그러기에 완전히 사상가의 입장에 서서 발언할 때에는 주로 연기라는 말을 쓴다. 그와는 반대로 무상이라는 표현으로 이 존재론이 설명되는 경우에는 언제나 주체성의 문제가 많든 적든 개입되어 있음을 알게 된다. 다시 말하자면 그것에서 이 존재론이 바로 각자의 인생관에 연결되고 실천과 관련이 맺어지는 것이며, 따라서 필연적으로 정서성이 따르기 마련이다.

이 문제와 곁들여서 말해 두지 않을 수 없는 것은 일본인의 무상관(無常觀)에 대한 문제이다. 일본인 또한 무상이라는 말을 불교에서 배웠으며 또 그런 사고 방식을 불교로부터 받았음이 분명하다. 그러나 일본인의 무상관은 가라키 준조(唐木順三)가 그의 저서 『무상』에서 철저히 추구한 바와 같이, '애수'니 '헛

됨'이니 하는 말에 나타나는 일본인 고유의 사유와 제휴하여 매우 정서적인 무상관을 형성하기에 이른다.

그것과 비교하면 붓다가 '무상'이라는 말로 그 존재론을 말할 경우는 대단히 이론적·이지적인 경향이 강해서 정서성이란 거의 찾아볼 수 없음을 지적할 수 있다.

무상이란 영탄을 불러 일으킬 말은 아니다.

눈물을 글썽거리게 할 말도 아니다.

한숨을 쉬고 자지러질 성질의 말도 아니다.

그것은 붓다가 즐겨 사용한 표현을 빌리자면 "여실히 바른 지혜를 가지고" 관찰해야 할 것이다. 그럼에도 불구하고 이 존재론이 각자의 주체 속에 끌려 들어와 얼마쯤 정서성을 수반한다는 점에서 저 '연기'라는 표현과는 그 뉘앙스를 달리하는 말이라고 할 수 있다.

한 경(『상응부경전』 23 : 49 수루나. 한역 동본, 『잡아함경』 1 : 30 수루나)은 붓다가 한 제자를 상대로 다음과 같은 문답을 주고 받았음을 전해 주고 있다. 그 제자의 이름이 소나(輸屢那)이기에, 그것이 경의 이름이 된 것이다.

"소나여, 너는 어찌 생각하느냐? 색(물질적 존재)은 항구적(常)이겠느냐, 무상이겠느냐?"

"대덕이시여, 그것은 무상입니다."

"무릇 색이 무상하다면, 그것은 우리에게 고(苦)이겠느냐, 낙(樂)이겠느냐?"

"대덕이시여, 그것은 고입니다."

"무상이요 고요 변화하는 색을 '이는 내 것(我所, mama)이다.' '이는 자아(我, attan)이다.' '이는 내 본질(我體, me attā)이다.' 할 수 있겠느냐?"

"대덕이시여, 그럴 수는 없나이다."

이런 문답은 초기 경전의 도처에서 발견된다. 아마도 붓다는 이것을 일종의 교리 문답(catechism)으로 삼아, 평소에 가르친 것을 제자들이 잘 외고 있는지 어떤지를 테스트한 것이라고 생각된다. 바꾸어 말하면 붓다는 도사(導師)로서 제자들을 대하는 경우에 먼저 연기의 존재론을 무상이라는 표현으로 제기함으로써, 거기에서부터 주체적으로 고(苦)와 무아(無我)라는 결론으로 이끌어 간 듯하다. 그러면 다음에서는 고(苦)의 문제를 다루어야 하겠다.

고(苦)라는 것

무상한 것은 고(苦)이다

"무상한 것은 고이다."

라고 선언함으로써 붓다는 저 보리수 밑에서 깨친 존재론을 자기가 출가할 때 걸머졌던 과제와 연결시킨다.

그 '고'란 대체 무엇일까? 붓다가 과제로서 걸머지고 있었다는 '고'란 대체 어떤 고이었을까? 또 불교에서 말하는 '고'란 대체 어떤 종류의 성격을 띠고 있을까? 나는 여기서 먼저 그런 문제에 대해 차분히 검토해 보고자 한다.

이제 경을 뒤적여 보면, 붓다의 제자 중에도 대체 고란 무엇이냐고 질문을 한 사람이 있음을 알게 된다. 한 경(『상응부경전』

23 : 15 고 1)에 의하면 라다(羅陀)라는 비구는 붓다 앞에 나와서 이렇게 물었다고 한다.

"대덕이시여, '고이다, 고이다.' 합니다만, 무엇을 고라고 하나이까?"

이 라다라는 비구는 매우 솔직한 청년인 모양이어서, 이런 기본적 개념에 대해서도 거리낌 없이 스승 앞에 질문을 제기하여 그 명확한 설명을 요구한다. 그런 문답을 기록한 수많은 경이 모여서 '라다 상응'이라는 경군(經群)을 이루고 있기에, 우리는 지금도 그것을 뒤적임으로써 불교의 기본적 개념에 관한 붓다의 간명한 대답을 찾아볼 수가 있다.

그런데 라다의 이 질문에 대해 붓다는 다음과 같이 설명해 준다.

"라다여, 색(물리적 요소)은 고요, 수(受 ; 감각)는 고요, 상(표상)은 고요, 행(의지)은 고요, 식(의식)은 고이다.
라다여, 이렇게 관찰하여 유문(有聞)의 성제자는 색을 싫어하고 떠나……"

여기서 붓다는 인간을 구성하는 다섯 가지 요소인 색(色)·수(受)·상(想)·행(行)·식(識)을 들어, 그것들은 모두 무상하지 않음이 없으니까 또한 고 아닌 것이 없다고 제자의 사고 방식을 이끌어 가르치고 있다. 스승의 제자에 대한 답으로는 그것으로도 족할지 모르겠으나, 이제 우리는 불교를 더 객관적으로 바라보면서 붓다가 '고'라고 한 것이 무엇을 말하는지 묻고 싶은 바이다. 그런 검토를 위해서는 다른 한 경(『상응부경전』 38 : 14 고)이 전하는 다음과 같은 문답이 안성맞춤일 듯싶다.

그것은 잔부카다카(閻浮車)라는 외도 사상가가 붓다의 고제자인 사리불(舍利弗)을 찾아와서, 붓다 사상의 기본적인 문제에 관해 주고받은 문답의 일부이다. 거기서 그도 역시

"벗 사리불이여, '고이다, 고이다.' 하는데, 대체 무엇이 고입니까?"

라고 라다와 같은 질문을 한다. 그러자 사리불은 이렇게 대답한다.

"벗이여, 이런 세 가지는 고입니다. 그것은 고고성(苦苦性)·행고성(行苦性)·괴고성(壞苦性)입니다.
벗이여, 이 세 가지는 고입니다."

이 대답은 앞에서 본 붓다의 그것과는 전혀 취지가 다르다고 할 수 있다. 붓다는 제자의 물음에 대해 불교에서의 고의 양상, 특히 그것을 어떻게 받아들일지에 대해 설명한다. 그러나 이제 사리불은 외도 사상가와 대화를 하는 자리이기 때문에, 불교 밖

에 나가서 고의 분석 방법을 가지고 그 질문에 대답한 것이겠다. 그러므로 우리도 먼저 그 시대에 고를 어떻게 분석했는지 해명하여, 그것에 "무상한 것은 고이다."라는 사고 방식을 적용시켜 봄으로써, 붓다가 말씀한 '고'의 개념이 어떤 종류의 것인지를 웬만큼 알 수가 있을 것 같다.

그러면 먼저 사리불이 말한 세 가지 고에 대해 살펴보자.

그 첫째 것은 '고고성(dukkhadukkhatā)'이다. 그것은 고연(苦緣), 즉 원래부터 괴로움인 조건에서 생겨난 고(苦)라는 정도의 뜻이다. 격심한 추위나 더위는 본디 괴롭고, 기갈의 상태도 원래부터 괴로운 것임에 틀림없다. 그런 괴로운 조건에서 생긴 괴로움을 '고고(苦苦)'라 하고, 또는 그것을 추상 명사형으로 해서 '고고성'이라고 이르는 것이다.

그 둘째 것은 '행고성(saṅkhāradukkhatā)'이다. 여기서 행(行)이라 함은 옛날의 불교 주석에서 말한 천류(遷流), 즉 "모든 것은 흘러간다." 또는 "일체는 옮아간다."는 뜻의 존재의 무상함을 표현하는 말이다. 그리고 그것을 조건으로 하여 생기는 괴로움을 '행고(行苦)' 또는 '행고성'이라 이르는 것이다.

또 그 셋째 것은 '괴고성(vipariṇamadukkhatā)'이다. 낡은 주석에서 "즐거움이 파괴됨은 고이다."라는 따위를 밀한 것이 그것이다. 부귀를 마음껏 누리던 사람이 어느덧 사양의 비애를 맛보게 되는 것도 그것이요, 난만하게 피어났던 꽃이 이윽고 져야 하는 것도 그것이다. 즐거움은 사람들이 애착을 느끼는 대상인 까닭에, 그것이 파괴될 때 그로 말미암아 괴로움이 생기는 것이다.

이런 여러 괴로움 속에서 붓다가 주로 문제삼은 것은 무엇일까? 그것은 말할 나위 없이 행고성의 그것이라고 생각된다. "무상한 것은 고이다."라고 말씀한 것은 바로 그것을 가리키리라. 더 구체적으로 말한다면, 붓다가 자주 '노(老)·사(死)'라는 말씀을 쓴 것도 역시 같은 것을 가리킨다고 볼 수 있다. 그러면 행고 또는 행고성이라는 개념에 대해 더 깊이 들어가 생각해 보자.

행고(行苦)라는 것

고(苦)라는 개념은 주체를 떠나서는 생각할 수 없다. 그것은 설명할 필요조차 없는 일이다. 그런데 붓다는 "무상한 것은 고이다."라고 하여 저 무상의 존재론을 주체와 연결시켜서 이 행고성이라는 '고'를 설명한다. 그러면 대체 이런 존재론이 주체의 문제로 전환되어, 그것이 '고'로서 인식된다는 것은 결국 무엇을 뜻할까?

이 일에 관해서 내가 먼저 지적하고 싶은 것은 붓다가 말씀한 '고'는 이미 사색의 과정을 거친 것이라는 사실이다. 적어도 그것은 고고성(苦苦性)의 그것과 같이 직접적인 것은 아니다.

한 경(『증지부경전』 3 : 38 유연. 한역 동본, 『중아함경』 117 유연경)은 젊고 부귀 속에 있던 고타마(붓다)를 이끌어 출가하게 한 동기에 대해서 후일의 붓다가 술회하는 양식으로 다음과 같이 기록하고 있다.

"비구들이여, 나는 괴로움이 없었고, 조금도 괴로움이 없었고, 필경 괴로움이 없이 살았노라. 비구들이여, 우리 아버지의 거처에는 욕지(浴池)가 만들어졌다. 비구들이여, 오직 나를 위하여 한 곳에는 청련(靑蓮)이 심어지고, 한 곳에는 홍련이 심어지고, 한 곳에는 백련이 심어졌느니라."

이렇게 말을 꺼낸 붓다는 출가 이전의 생활이 얼마나 즐거웠으며 괴로움이 없었는지를 매우 구체적으로 의식주에 걸쳐서 이야기한다. 그러나 퍼뜩 달리 깨닫는 바가 있어 생각해 보자, 자기가 괴로움을 지니지 않았다고 여기는 것은 아주 어리석은 소견임을 알게 되었다고 말씀한다.

"비구들이여, 나는 이렇게 부유했고, 또 이렇게 필경 괴로움 없는 상태에 있었음에도 불구하고
 '어리석은 범부는 저절로 늙어 갈 몸이며 아직 늙음의 운명을 면하지 못했으면서 노쇠한 남의 모양을 보고 외면하며, 자기의 처지를 잊고 부끄러워하고 싫어한다. 나도 또한 늙을 것이며, 아직 늙음의 운명을 면하지도 못하였다. 그런데 노쇠한 다른 사람을 보고 부끄러이 알고 싫어함은 나에 어울리지 않는다.'
고 생각했다. 내가 이렇게 관찰했을 때 장년기에 있는 장년의 교만은 남김없이 끊어졌다."

그리고 붓다는 다시 병과 죽음에 대해서도 같은 사유를 되풀이했음을 고백하고, 이리하여 부모가 통곡하는 가운데 머리를 깎고 가사를 걸친 뒤 집에서 나와 사문(沙門)이 되었다고 이야기한다.

이런 술회는 본래 붓다가 제자들에 대하여 청춘의 교만·건강의 교만·생명의 교만을 경계하게 하고자 말씀한 것이지만, 거기에는 저절로 붓다의 출가에 이르기까지의 심적(心的) 과정이 드러나 있다. 그리고 그 심적 과정은 명백히 '어리석은 범부 (assutavā puthujjano)'가 깨닫지 못한 채 반복하고 있는 우리의 일상적 생활이 날카로운 관찰에 의해 그 진상을 드러내기에 이르렀음을 말해 준다. 붓다가 말하는 '고'가 이미 사색의 과정을 거친 그것이라고 말하는 것은 이 때문이다. 얼른 보기에는 괴로움이 하나도 눈에 안 띄는 나의 생활도 우연한 기회에 짚이는 바가 있어서 잘 사색해 보았더니 사실은 노·병·사라는 인간의 유한성을 두 어깨에 걸머진 비참한 생활이었다. 그것을 깨달은 순간에 청춘의 긍지와 건강에 대한 자신과 생명의 교만이 대번에 사라지고 말았다는 것이다.

붓다가 말하는 '고'는 그런 것이다. 이 무상한 존재 속에 인간도 또한 그 존재의 일부로서 무상의 운명 밑에 놓여 있다. 따라서 인간이 아무리 원한다 해도, 언제까지나 젊고, 언제까지나 건강하고, 언제까지나 살아 있을 수는 없다. 인간은 문자 그대로 유한한 존재이다. 이 사실에 생각이 미쳤을 때 고타마는 몸서리칠 정도의 불안을 느낀다. 이제 아무 괴로움 없는 생활 속에 있으면서도 예상되는 변역(變易) 앞에 더 이상 마음 편히는 있을 수 없게 된 것이다. 존 스튜어트 밀(John Stuart Mill)의 『자서전』에 나오는 말을 빌리자면, 그는 이미 '행복한 돼지'가 아니라 '불행한 소크라테스'가 된 셈이다. 또는 파스칼의 『팡세』에 나오는 말을 인용해도 좋으리라.

 "나무는 자기가 불행한 줄을 모르고, 폐가도 자기의 불행을 알지 못한다. 불행한 것은 오직 인간뿐이다. 그리고 인간이 자기를 불행하다고 인식하는 것은 불행한 일이지만, 스스로 불행하다고 인식하는 것은 바로 그가 위대하게 되는 일이기도 하다."

이것이 그때 붓다가 놓여 있던 상태였다고 할 수 있다.

그것은 불안의 개념이다

 그런 '고'는 현대인의 언어로 말한다면, 오히려 불안이라는 개념에 해당할 것이다. 우리에게 고라는 말은 더 직접적인 뉘앙스를 풍기는 까닭이다. 배가 고프면 괴롭다. 목이 말라도 괴롭다. 더위와 추위를 느낄 때도 괴롭다. 그런 것들은 앞에 나온 고고성(苦苦性)의 범주에 드는 것이어서 문자 그대로 고라고 할 수밖에는 없다. 또는 가난한 것이 괴롭고 병드는 것이 괴롭다고 할 때, 그것도 역시 이에 속할 것은 명백하다. 그러나 인간인 바에는 언젠가 병들지 않을 수 없다는 것, 늙지 않을 수 없다는 것, 그리고 죽지 않을 수 없다는 것이 예상되기 때문에, 그 면할 길 없는 운명 앞에서 몸서리친다! 그것은 오늘날의 언어로 나타낼 때 어느 쪽이냐 하면, '불안'의 개념이라고 생각된다.

그런 불안에 대해서 예로부터 사람들이 생각한 것은 가지가지이다. 구약의 '이사야' 22장 13절에는

"너희가 기뻐하며 즐거워하여, 소를 잡고 양을 죽여 고기를 먹고 포도주를 마시면서, 내일 죽으리니 먹고 마시자 하도다."

라고 한 대목이 있다. 이스라엘의 서민들은 다가올 죽음의 불안을 오늘 잔치를 벌임으로써 도피할 수밖에는 없었던 것일까?

또 그리스의 사상가 중에는 교묘한 논리로 이런 불안으로부터 얼굴을 돌리고자 한 사람도 있다.

"우리가 있으면 죽음은 없다. 죽음에 이르는 순간, 우리는 존재하지 않는다. 현명한 사람은 죽음을 두려워하지 않는다."

고 고대 그리스의 향락주의자 에피쿠로스(Epikouros)는 주장한다. 하지만 어떤 향락이나 궤변으로도 이 불안으로부터 자기 몸을 완전히 막아내지는 못할 것이다.

붓다는 젊었을 때 그런 불안에 부딪친 이래 그 문제와 정면으로 대결한다. 그는 많은 사람들이 그러했듯이, 그 문제에서 눈을

돌린다든지 등을 돌려 도망한다든지 하지는 않는다. 향락이나 궤변으로 잠시나마 그것을 잊어 보고자 시도하지도 않는다. 붓다는 오히려 그 위에 눈물을 끝없이 뿌리면서도 그 불안과 정면으로 대결한다. 그것이 그 출가의 의의라고 할 수 있다.

그러나 문제를 해결하기가 그리 쉬울 리 없다. 7년의 세월이 헛되이 흐른다. 그가 그 문을 두드린 여러 도인들의 학설도 이 문제의 해결에는 아무 보탬이 되어 주지 못한다. 온갖 고행도 도움이 되지 않는다. 그것은 마치 풀 길 없는 매듭을 풀려는 무모한 노력처럼 보였다.

그러나 드디어 서광이 비친다. 저 보리수 밑에 결가부좌한 지 며칠 만이었을까? 동쪽 하늘에 샛별이 반짝일 무렵, 붓다의 가슴에 새로운 존재론의 힌트가 나타난다. 그것이 바로 깨달음이며, 그 내포(內包)를 말하자면 '연기'의 이론이다. 일체의 존재는 그럴 만한 조건이 있음으로 해서 존재하며, 그 조건이 소멸할 때 그 존재 또한 소멸하게 된다는 것, 이것이 그가 깨달은 근본 사상이다.

만약 그렇다면, 이런 불안(苦)도 또한 조건에 의해 생겨난 것이라 할 수밖에 없으리라. 그것을 한 경(『상응부경전』 12 : 24 이학)은

"고는 연생(緣生)이다."

라고 표현한다. 또 같은 경(『상응부경전』 12 : 23 연)에는

"비구들이여. 고는 유연(有緣)이며 무연(無緣)이 아니라고 나는 말한다."

라는 문구가 보인다.

무연(anupanisaṃ)이란 무조건이라는 뜻이다. 만일에 고가 무조건이요 절대적인 것이라면, 어떤 노력으로도 그것을 극복할 수는 없을 터이다. 그러나 이 세상에는 무엇 하나라도 무조건으로 이루어진 것은 없다는 것, 그것이 붓다가 깨달은 존재론의 근본이다. 그렇다면 고도 역시 유연(有緣, sa-upanisaṃ)임이 명백하다. 조건이 있음으로 말미암아 성립한 것이며, 조건이 제거된다면 소멸할 수밖에 없다. 결코 무조건·무제약적인 것은 아니다. 생각이 이에 미쳤을 때, 붓다는 개가를 올린 것이다. "고는 연생(緣生)이다."라고.

얼른 보기에 "고는 연생이다."라는 구절은 참으로 무미 건조한 말인 듯이도 생각되리라. 그러나 잘 생각해 보면 이 한 마디의 배경에는 출가 이래 7년에 걸친 피나는 정진·추구의 역사가 도사리고 있음을 알게 된다.

"벗이여, 고(苦)는 연생이라고 세존께서 말씀하셨소."

붓다의 제자들이 주고받은 이런 말 속에도 또한 무한한 감개가 서려 있었을 것으로 느껴진다.

'연생(緣生, paṭiccasamuppanna)'이란 조건이 있어서 생긴 것이

라는 뜻이다. 그러므로 고(苦)가 연생이라 함은 그 조건을 제거함으로 말미암아 그것이 극복될 수도 있음을 뜻한다. 그러면 할 일은 무엇일까? 그것은 먼저 고를 성립시키고 있는 조건을 이해하는 일이며, 다음으로는 그 조건을 제거하기 위해 어떤 조처를 취하는 일이리라.

한 경(『상응부경전』 38 : 4 하재)은 앞에서도 나온 외도 사상가 잔부카다카(閻浮車)와 붓다의 고제자 사리불의 문답을 다음과 같이 전한다.

> "벗 사리불이여, 무슨 이익이 있기에 사문 고타마(붓다)를 따라 성스러운 생활을 영위하는가?"
> "벗이여, 고(苦)를 해결하기 위해서 세존을 따라 성스러운 생활을 영위하는 것이다."
> "그러면 벗이여, 그 고를 해결하는 길이 있는가, 그 목적에 도달하는 길이 있는가?"
> "벗이여, 이 고를 해결할 길이 있다, 그 목적에 도달하는 길이 있다."
> "벗이여, 이 고를 해결하는 길이란 무엇인가, 그 목적에 도달하는 길이란 무엇인가?"

이리하여 사리불은 그 외도 사상가를 위하여 이른바 '팔정도'에 대해서 설명한다. 그것에 대해서 나는 뒤에서 자세히 서술하고자 한다. 어쨌든 붓다는 이렇게 하여 '고'의 진상을 간파함으로써, 그것을 성립시킨 조건을 캐고, 그 조건을 제거하는 방법을 생각해 낸 다음, "너희도 오라."고 우리를 손짓하여 부른다.

한 경(『상응부경전』 35 : 103 우다라)은 이때의 붓다에 대해

> 참으로 나는 밝히 알았고
> 참으로 나는 일체에 이겼노라.
> 아무도 못 캐던 고(苦)의 뿌리를
> 나는 이제 파헤쳐 캐어 냈노라.

고 말할 수 있는 사람이 되었다고 전한다.

무아라는 것

자기의 의지처는 자기뿐이다

무상―고―무아. 그 계열을 따라갈 때, 이번에는 무아(無我)를 문제삼아야 하리라. 이 문제는 일본의 불교인들이 가장 많이 오해하는 부분이라고 생각된다.

만약 망아(忘我)의 황홀한 상태를 그것이라 알고 있다면 그것은 큰 과오가 될 터이다.

무념 무상의 경지에 드는 것이 그것이라 이해하는 것도 큰 잘못일 터이다.

나를 억제한다든지 없애는 것이 무아라고 생각하는 이도 있을 것이나, 그것도 결코 올바른 견해는 아닐 터이다.

무릇 무아라는 말은 한 사상적 입장을 표시한 것이지, 인간의 정신적 상태를 가리키는 표현이 결코 아니다. 이 사실을 명확히 하기 위해 그 보기를 몇 가지 들고자 한다.

먼저 떠오르는 것으로 『법구경』 '자기품'의 다음과 같은 운문(偈)이 있다.

> 자기의 의지처는 자기뿐이니
> 자기 밖의 무엇을 의지하리오.
> 자기가 참으로 조어(調御)되는 때
> 더 없는 의지처를 얻게 되리라. (160)

> 악을 행해 스스로 더러워지며
> 악을 안해 스스로 청정하도다.
> 청정하고 않음이 자기 탓이니
> 남을 청정히 할 길이란 없어라. (165)

> 만약 자기를 대견하게 아는 일이라면
> 이를 잘 보호하여 가야 되리라.
> 현인은 밤을 셋으로 쪼개
> 그 하나는 깨어서 있어야 하리. (157)

이런 운문은 결코 "자기를 죽여라, 자기를 포기해라, 자기를 망각해라."라고는 말하지 않는다. 그러기는커녕 이 시들이 주장하고 있는 취지는 자기의 인간 형성을 위해 자기의 모든 노력을 집중하라는 것임에 틀림없다. 이리하여 훌륭한 인간 형성이 이루어질 때, 사람은 더 없는 의지처를 얻을 수 있다는 뜻이다. 그런 뜻에서 불교란 본래부터 인간 형성의 길이라고 보아야 한다. 범부가 차차 자기의 인격을 형성한 끝에 '붓다'라고 불리는 이상적인 인간상을 실현하는 것, 그것이 불교의 전부이다. 적어도 붓다가 가르친 길이란 그런 것이다. 더욱이 이런 도정을 더듬는 모든 책임은 자기 스스로의 노력에 지운다. 이것을 붓다는 이렇게 설한 적이 있다.

"그러므로 아난다여, 너희는 이에 자기를 섬으로 삼고 자기를 의지처로 하여 남을 의지처로 삼지 말며, 법을 섬으로 삼고 법을 의지처로 하여 남을 의지처로 삼지 말고 주(住)하거라."

여기서 '섬(dīpa)'이라고 한 것은 강물 복판의 모래섬(洲), 또는 바다의 섬을 가리키는 말이다. 여기서는 모든 것이 들뜨고 불안정한 이 세상에서 그것만이 의지할 수 있는 것이라는 정도의 뜻이거니와, 그런 의지처는 자기 외에는 어디에도 없다는 말이다. 붓다의 길은 의심할 여지없이 이러한 길이다. 그 길은 요즘의 말로 이야기한다면 자기 확립의 길이라고 해도 좋다. 그것은 자기 망각의 길과는 매우 먼 것이라고 아니할 수 없다.

한 경(『상응부경전』 22 : 89 差摩. 한역 동본, 『잡아함경』 5 : 1 차마)은 이런 소식에 대해 매우 흥미로운 논쟁이 있었음을 전하고 있다. 그 한쪽의 논쟁자는 케마(差摩)라는 비구이다. 그가 병으로 코상비의 교외에 있는 고시다의 정사에 누워 있는데, 다른 비구들이 문병을 와서 주고받은 문답으로부터 물의가 일어난다.

"어떤가, 견딜 만한가?"
"너무 괴로워서 견딜 수가 없다."

이런 말이 오고 간 끝에, 한 비구가 그를 격려할 속셈으로

"붓다께서는 무아의 가르침을 설하시지 않았는가?"

라고 한다. 그러자 케마의 반응은 천만 뜻밖이다.

"아니, 나는 나(我)가 있다고 생각한다."

이것이 문제가 되어 장로들까지도 그의 병상에 나타나 따지고 든다. 그때 케마가 그들을 설득한 논지는 대체로 이러하다.

"벗들이여, 내가 '나가 있다'고 하는 것은 이 육체(色)가 나라는 뜻은 아니다. 또 이 감각(受)이나 의식(識)을 가리킨 것도 아니다. 또는 그것들을 떠나서 따로 '나가 있다'는 뜻도 아니다.
벗들이여, 그것은 이를테면 꽃의 향기와 같은 것이라고 할 수 있다.

만약 어떤 사람이 꽃송이에 향기가 있다고 한다면 이 말을 정당하다 하겠는가. 줄기에 향기가 있다고 한다면 이 말을 정당하다 하겠는가. 또는 꽃술에 향기가 있다고 한다면 어떻겠는가. 역시 향기는 꽃에서 난다고밖에는 말할 수 없으리라. 그것과 마찬가지로 육체나 감각이나 의식이 나라고 하는 것은 옳지 않다. 또는 그것을 떠나서 따로 나의 본질이 있다고 하는 것도 옳지 않다. 그러기에 나는 그것들의 통일체에 '나가 있다'고 말하는 것이다."

그런 사고 방식은 그 자리에 있던 장로들에게도 크게 감명을 주거니와, 또 우리로서도 무아의 참뜻에 이르는 유력한 발판을 발견할 수 있는 것이겠다.

자아에 관한 고정적 관념의 부정

'무아'(anattā, Skt., anatmān)라는 말은 아(我, attan, Skt., ātman)에 부정을 나타내는 접두사 a가 붙어서 이루어진 단어이다. 그것에 의해 부정되는 것은 일상 생활에서의 행위의 주체인 자기가 아니라, 도리어 당시의 상식이요 사상계의 주류이던 자아에 관한 고정적인 관념이라고 할 수 있다. 이런 점은 붓다가 무아에 관해 말하는 유형적인 표현에서 잘 드러난다. 이를테면 한 경(『상응부경전』, 22 : 45 무상. 한역 동본, 3 : 35 청정)에서 붓다는 이와 같이 설하고 있다.

"비구들이여, 색(물질적 존재)은 무상이다. 무상이면 곧 고(苦)이다. 고면 곧 무아이다. 무아면 곧 이는 아소(我所)가 아니며, 이는 아(我)가 아니며, 이는 아체(我體)가 아니다. 이렇게 바른 지혜로 여실히 관찰하라."

또는 앞에 나온 한 경(『상응부경전』 22 : 49 수루나)에 보이는 문답에서는 무아에 관한 문답이 다음과 같이 펼쳐지고 있다.

"소나여, 무릇 무상이요 고요 변화하는 색(色)을 두고, '이는 아소이다, 이는 아이다, 이는 아체이다.'라고 이를 수 있겠는가?"
"대덕이시여, 그럴 수는 없습니다."

이런 유형화된 표현들은 어느 것이나 붓다가 부정한 것이 다음의 세 가지임을 말해 주고 있다.

- 아소(mama)의 부정
- 아(attan)의 부정
- 아체(me attā)의 부정

첫째의 아소(我所)라는 말은 먼저 한역한 뜻에서 본다면, 아소유(我所有)를 줄인 것이라고 한다. '내 것'이라는 정도의 뜻이어서 나에게 속하고, 내 마음이 집착하는 바를 가리키는 말이다.

그것에 대해서 "이는 아소가 아니다."라는 주장은 이런 소유의 고정 또는 항구성을 부정하는 태도이다. 무상의 존재론에 서는 한, 나의 것이란 있을 수 없기 때문이다. 이것은 상식이 되어 있는 자기 소유에 관한 고정적인 관념을 부정한 것이며, 나아가서는 소유에 대한 집착을 배제한 것이라고 볼 수 있다.

둘째 것은 그 시대의 사상가 사이에 유포되고 있던 자아에 대한 사고 방식을 부정한 것이다. 우리는 우파니샤드(Upanishad)의 사상가들이 개인아(個人我)를 뜻하는 아트만(ātman)을 보편적인 실재자의 위치에까지 지향시켜, 낡은 우주 원리로서의 브라만(Brahman, 梵)과 같은 것이라 하여 범아 일치(梵我一致)의 사상 체계를 전개했음을 알고 있다. 그런 바라문(婆羅門)적 자아관 역시 연기나 무상의 존재론으로부터는 전혀 허용될 수 없는 것이다. "이는 나(我)가 아니다."라고 함은 이런 절대적·무제약적인 자아의 주장을 정면으로 부정한 말이다.

그 셋째로 "이는 아체(我體)가 아니다."라고 함은 자아의 불변하는 본체가 있다고 생각하는 태도에 대한 부정이다. me attā라는 말은 직역하면 '나의 나'가 되리라. 그것을 중국의 역경자들이 '아체'라고 번역한 것은 그 속에 자아의 항구 불변하는 본체가 포함되어 있는 뜻으로 보았기 때문이다. '체'란 불변의 본체·본성·본질을 가리키는 말이다. 그러나 그런 주장도 무상의 존재론에 서는 한 용납되지 않을 것은 물론이다. 이를테면 영혼에 대한 생각 같은 것이 그것이다. 영혼이란 이 육체가 없어진 뒤에도 영원히 존속되는 '나'의 본체라고 생각되거니와, 붓다의 입장에서는 즉 무상의 존재론에서는 그런 것이 인정될 까닭이 없다.

이와 같이 붓다가 말한 무아의 주장은 그가 깨달은 존재론의 입장에 서서, 인간을 냉철하게 관찰한 결과로 얻어진 결론이라고 할 수 있다. 말하자면 그것은 인간을 대상으로 한 붓다의 사상적 입장을 밝힌 것이다. 만약 붓다의 인간론을 묻는 이가 있다면, 그때에야말로 우리는 무아의 주장을 제시함으로써, 이것이 붓다의 인간 해석이라고 대답할 수 있는 것이겠다. 특히 그 당시, 바라문교의 사상적 계보 속에 우파니샤드라는 새로운 사상 조류가 생겨나서 아트만(自我)을 보편적 실재라 주장한 사실과 대조해 볼 때, 붓다가 말한 무아의 사상적 성격이 더욱 드러남을 느끼게 된다. 단 경전의 서술에서는 붓다가 우파니샤드의 사상가들과 그 어떤 직접적인 교섭을 한 증거는 어디에서도 발견되지 않는다.

사상에서 실천으로

이리하여 무상―고―무아의 체계가 정비되는 곳, 거기에서부터 실천에의 길은 저절로 뚫리기 마련이다. 세상에는 행동하고 나서 생각하는 사람이 있고, 또 생각하고 나서 행동하는 사람이 있다. 또는 행동하면서 생각하는 사람도 있을 것이다. 그런 타입 중에서 붓다는 어느 타입에 속하는 사람이냐 하면, 말할 것도 없이 생각한 다음에 행동하는 사람임에 틀림없다. 한 경(『상응부경전』 45 : 1 무명. 한역 동본, 『잡아함경』 28 : 2 무명)은 그 좋은 보기를 다음과 같이 전한다.

"비구들이여 무명(無明)이 먼저 있어서 좋지 않은 법이 생김으로 말미암아 무참 무괴(無慚無愧)가 생긴다. 비구들이여, 무명을 따르는 무지한 사람에게 사견(邪見)이 생기느니라. 사견이 있으면 사사유(邪思惟)가 생기고, 사사유가 있으면 사어(邪語)가 생기고, 사어가 있으면 사업(邪業)이 생기고, 사업이 있으면 사명(邪命)이 생기고, 사명이 있으면 사정진(邪精進)이 생기고, 사정진이 있으면 사념(邪念)이 생기고, 사념이 있으면 사정(邪定)이 생기느니라.

비구들이여, 명(明)이 먼저 있어서 좋은 법이 생김으로 말미암아 그에 따라 참괴(慚愧)가 생긴다. 비구들이여, 명을 따르는 지혜 있는 사람에게는 정견(正見)이 생기느니라. 정견이 있으면 정사유(正思惟)가 생기고, 정사유가 있으면 정어(正語)가 생기고, 정어가 있으면 정업(正業)이 생기고, 정업이 있으면 정명(正命)이 생기고, 정명이 있으면 정정진(正精進)이 생기고, 정정진이 있으면 정념(正念)이 생기고, 정념이 있으면 정정(正定)이 생기느니라."

무명(無明, avijja)이란 무지(無智)를 말한다. 바르지 않은 견해로 마음이 가려 있는 상태이다. 이 상태가 원인이 되어 거기에서부터 사견 · 사사유 · 사어 · 사업 · 사정진 · 사념 · 사정이 연쇄적으로 생겨난다는 것이다. 이에 반해서 명(明)이 있는 곳에는 정견·정사유·정어·정업·정명·정정진·정념·정정이 생겨난다고 한다. 명이란 지혜라는 뜻이다. 가려진 것이 제거됨으로써 존재가 그 진상을 드러내는 일이다. 무상한 것이 무상한 것으로서 받아들여지는 일이며, 무아인 것이 무아로서 인식되는 일이다.

그리고 이제 그것에서 생겨난다고 한 여덟 가지 항목은 뒤에 붓다에 의해 '성스러운 팔지(八支)의 도(道)'라고 명명된 그것이요, 후세의 불교인들이 일반적으로 '팔정도(八正道)'라고 일컫는 그것임에 틀림없다. 어쨌든 바른 지혜가 있고 나서야 바른 실천이 따르게 된다는 것, 그것이 붓다의 가르침의 구조라고 할 수 있다. 『법구경』의 첫머리에는 이런 말씀이 나와 있다.

"모든 것은 마음에 지배되고,
마음을 주인으로 하고,
마음으로 이루어진다.
사람이 만약 더러운 마음으로 이야기하고 행동한다면
괴로움이 그를 따르리니
바퀴가 수레를 끄는 짐승의 발을 따름과 같으리라." (1)

"모든 것은 마음에 지배되고,
마음을 주인으로 하고,
마음으로 이루어진다.

사람이 만약 깨끗한 마음으로 말하고 행동한다면
즐거움이 그를 따르리니
그림자가 형상을 따라 떠나지 않음과 같으리라." (2)

마음이 주도(主導)하고 사상이 앞장을 서는 것이다. 무상 — 고 — 무아의 인식이 있고 나서야 그것이 실천으로 옮겨지는 것이다. 이것이 불교의 성격이다. 도겐(道元)도 그것에 대해서

"마음이 이르지 않음은 무상을 생각하지 않기 때문이다."

라는 말을 『정법안정수문기』 속에 남기고 있다. 그것을 나는 나의 게으름을 채찍질하는 경계로 삼고 있는 바이다. 그러나 지금은 실천의 문제로 넘어가기에 앞서, 또 하나 붓다의 가르침에서의 궁극적인 이상의 경지, 이른바 '열반'의 문제에 대해 살펴보고자 한다.

열반이라는 것

궁극의 목표로서의 열반

본론에 들어가기에 앞서, 한 경(『상응부경전』 23 : 1 魔. 한역 동본, 『잡아함경』 6 : 10 마)이 이야기하는 것을 들어 주기 바란다. 그 경도 역시 붓다와 그 제자의 문답을 기록한 것인바, 그 제자의 이름은 라다(羅陀)라 한다. 라다는 앞에서도 말했듯이 매우 솔직한 질문을 서슴지 않던 사랑스러운 청년이었던 것으로 생각된다. 이 경도 또한 그러한 질문을 기록한 것이다. 어느 때 그는 기원정사에서 붓다 앞에 나타나 이렇게 묻는다.

"대덕이시여, '마(魔), 마.'라고 흔히들 말합니다만, 무엇을 마라고 합니까?"

이것은 참으로 흥미로운 질문이다. 말하자면 악마란 그들에게 무엇을 뜻하냐고 묻고 있는 것이다. 그들도 또한 악마를 비인간적인 존재로서 객관 속에 실재하는 듯 생각하는 시대에 살고 있었을 것이다. 그러나 그들은 냉정하게 생각한 끝에 그것은 마음 속에 있는 악, 마음 안에 도사린 방해물임을 깨닫는다. 라다의 질문은 그가 악마를 이렇게 생각하고 있음을 보여 준다. 붓다는 그의 질문을 받고 이렇게 대답한다.

"라다여, 색(물질적 요소)이 있으면, 마·파괴자·죽음이 있느니라. 라다여, 그러므로 색을 마라고 관(觀)하고, 파괴자라 관하고, 죽음이라 관하고, 병이라 관하고, 등창이라 관하고, 가시라 관하고, 아픔이라 관하고, 고통이라 관하라. 이와 같이 관하면 그것을 바른 관찰이라 하느니라."

여기서 색이라 함은 인간의 육체를 가리키는 말이다. 앞에서도 언급한 바와 같이 붓다는 인간을 색(色) 즉 육체적 요소와 감각(受)·표상(想)·의지(行)·의식(識)의 네 가지 정신적 요소로 나눈다. 그 정신적 요소들에 대해서도 같은 말을 되풀이하여 바른 관찰이 필요함을 강조하는 것이다. 그러자 이 솔직한 청년은 계속해서 묻는다.

"대덕이시여, 그러면 무엇을 위해서 바른 관찰을 해야 하는 것입니까?"

"라다여, 그것은 싫어하여 떠나기 위해서니라."

"대덕이시여, 그러면 무엇을 위해 싫어하여 떠나는 것입니까?"

"그것은 이욕(離慾)을 위함이니라."

"그러면 무엇을 위해 욕망을 떠나야 하는 것입니까?"

"그것은 해탈을 위해서니라."

"그러면 무엇을 위해 해탈하는 것입니까?"

"그것은 열반을 위해서니라."

"그러면 대덕이시여, 무엇을 위해 열반을 얻는 것입니까?"

여기까지 질문이 이어질 때 붓다는 아마도 웃음을 머금고 잠시 동안 라다의 얼굴을 보았을 것으로 생각된다. 붓다는 이윽고 대답한다.

"라다여, 네 질문은 너무 지나쳤다. 묻는 데 끝을 모르는구나. 라다여, 성스러운 수행을 하는 것은 열반에 가기 위함이니 문제는 열반에서 다하느니라."

이 솔직한 청년은 문제가 열반에 이르러서도 그것은 또 대체 무엇 때문이냐고 추궁한다. 그러자 붓다는 묻는 한도를 모르는 것이라고 청년을 타이른다. 왜냐하면 인간의 궁극적 목표가 열반이매, 그것을 무엇 때문이냐고 물을 수는 없는 까닭이다.

그러면 열반이란 무엇일까? 또 붓다가 그것을 궁극의 목표로 삼은 데에는 어떤 사상적 의의가 있을까? 그런 문제에 대해서 이제 함께 살펴보자.

열반의 이미지

열반의 개념 또한 후세의 불교인들에 의해 여러 가지로 오해되고 있는 점이 적지 않은 듯하다. 이를테면 언제부터인지는 모르되, 붓다의 죽음을 '대반 열반'(大般涅槃, mahāparinibbāna) 또는 '반열반'(般涅槃, parinibbāna)이라고 부른다. 전자는 '큰 죽음'이라는 정도의 뜻이요, 후자는 단순히 '죽음'을 뜻한다. 다시 따져 보면, 완성된(pari) 열반(nibbāna)은 죽음으로 성취된다는 뜻이 그 용어 속에 포함되어 있는 것 같다. 더 후대에 오면 열반이라는 말이 그대로 붓다의 죽음을 뜻하기에 이르러, '열반회(涅槃會)'니 '열반도(涅槃圖)'니 하는 말까지 생긴다. 그런 연상이 이 말에 따르는 한, 붓다가 그 궁극의 목표로 제시한 열반의 참뜻은 도저히 바르게 파악되지 않을 것이다. 우리는 먼저 그런 연상을 완전히 불식하고, 새로이 붓다나 그 제자들이 설명한 바에 귀를 기울일 필요가 있다.

그것에 대해 한 경(『상응부경전』, 38 : 1 열반. 한역 동본, 『잡아함경』 18 : 1 難 等)은 사리불(舍利弗)과 한 외도와의 문답을 통해 극히 명확한 설명을 전해 주고 있다. 그 외도의 이름은 잔부카다카(閻浮車)라 한다. 사리불과는 친근한 사이인 듯, 그를 찾아 여러 가지 일에 대해 물은 것이 경전에 기록되어 있다.

"벗 사리불이여, 흔히 '열반, 열반'이라 하거니와 벗이여, 열반이란 대체 무엇을 말함인가?"

아무래도 열반이라는 말이 붓다에 의해 새로이 만들어진 개념이므로, 당시에는 아직 널리 알려지지 않았을 성싶다. 그 질문에 대한 사리불의 설명은 이러하다.

"벗이여, 무릇 탐욕의 소멸, 노여움의 소멸, 어리석음의 소멸, 이것을 일컬어 열반이라 한다."

이것은 참으로 명쾌한 설명이어서 나의 견해를 말한다면, 열반에 관한 설명은 여기에 더 덧붙일 것이 없다고 생각한다. 외도의 사문도 그것만으로 이 개념을 파악할 수 있었던지 그것을 실현하는 방법에 대해 묻는다.

"그러면 벗이여, 그 열반을 실현할 방법이 있는가, 거기에 이르는 길이 있는가?"
"벗이여, 그것을 실현할 방법이 있다, 거기에 이르는 길이 있다."
"그러면 벗이여, 그것을 실현하는 방법은 무엇인가, 거기에 이르는 길은 무엇인가?"
"벗이여, 성스러운 팔지(八支)의 길이 그 열반을 실현하는 방법이다. 즉 정견 · 정사 · 정어 · 정업 · 정명 · 정정진 · 정념 ·

정정이다. 벗이여, 이것이 열반을 실현하는 방법이요, 거기에 이르는 길이다.

 벗이여, 이 방법은 탁월하며, 이 길은 선미(善美)하여 힘써 볼 만한 가치가 있다."

그런데 열반은 팔리 어로는 '닙바나(nibbāna)', 산스크리트로는 '니르바나(nirvāna)'라 한다. 중국의 역경자들은 그것을 음사하여 '열반'이라 한 것이다. 또 이를 의역하여 '멸도(滅度)'니 '적멸(寂滅)'이니 또는 더 간략하게 '멸'이니 하는 따위로 옮겨 보기도 하였으나, 아무래도 본디의 뜻이 잘 나타나지 않으므로 결국은 '열반'이라는 음사가 가장 널리 쓰이게 된다. 이제 구태여 그 원래의 뜻을 찾는다면 닙바나 또는 니르바나는, '불이 꺼진 상태' 즉 '연소의 소멸'을 가리키는 말이다.

그러면 대체 불교의 목표를 표현하기 위해서 붓다는 어디에서부터 이런 술어를 찾아온 것일까? 그 출처의 추구는 지금 형편으로는 단념하지 않을 수 없으나, 돌이켜 생각건대 붓다가 이런 표현을 선택한 이유는 그 마음속에 그려진 이미지에 있었음이 분명하다. 먼저 생각나는 것은 아주 초기에 속하는 붓다의 설법 가운데 하나에 '연소'(『상응부경전』 35 : 28. 『잡아함경』 8 : 13. 『율장』 대품 21)라는 제목의 유명한 설법이 있다는 사실이다.

그것은 붓다가 바라나시 교외의 미가다야(鹿野苑)에서 전도 선언을 한 지 얼마 되지 않았을 때의 일이다.

"나도 법을 설하기 위해 우루베라의 세나니가마(將軍村)에 가겠다."

이렇게 말하고 나서 미가다야를 떠난 붓다는 다시 한 번 미가다국의 우루베라―그가 정각을 이룬 고장―로 간다. 거기서 붓다는 많은 새 제자들을 얻는데, 그 수효는 1천에 달했다고 한다.

어느 날 새 제자들을 이끌고 붓다는 가야시산(象頭山)에 올라간다. 산 위에서는 많은 추억이 얽혀 있는 땅들이 내려다보인다. 가야의 거리가 보이고, 네란자라의 구비쳐 흐르는 물줄기도 보인다. 정각을 성취한 감개 깊은 고장이 바로 거기에 있는 것이다. 그런 조망을 눈앞에 두고, 붓다는 새 제자들을 향해 이야기한다.

"비구들이여, 일체는 타느니라. 비구들이여, 일체가 탄다는 것은 무슨 말인가?

비구들이여, 눈이 탄다. 눈의 대상이 탄다. 눈이 닿는 곳 일체가 탄다. 무엇에 의해 타는 것이랴. 탐욕의 불에 의해 타고, 노여움의 불에 의해 타고, 어리석음의 불에 의해 타고, 노(老)·사(死)에 의해 타고, 우(憂)·비(悲)·고(苦)·뇌(惱)·절망에 의해 탄다고 나는 말하고 싶다.

비구들이여, 귀가 탄다. 귀의 대상이 탄다. 귀가 접하는 곳 일체가 탄다. 무엇에 의해 타는 것이랴. 탐욕의 불에 의해 타고, 노여움의 불에 의해 타고, 어리석음의 불에 의해 타고, 노·사에 의해 타고, 우·비·고·뇌·절망에 의해 탄다고 나는 말하고 싶다."

붓다는 다시 코에 대해서, 혀에 대해서, 몸에 대해서, 마음(意)에 대해서도 같은 말을 한 다음, 속히 이런 상태에서 떠나 다시는 타는 일이 없는 경지에 이르러야 한다고 설한다. 곁들여 말한다면 안(眼)·이(耳)·비(鼻)·설(舌)·신(身)·의(意)의 여섯은 육처(六處)라고 하여 대상과 관계를 맺는 감각 기관 전체를 말한다. 따라서 그것에 의해 존재에 대한 인식이 가능해지는 것이다.

이 설법은 유럽의 불교학자들이 '산상의 설법'이라 일컬어, 때로 예수의 '산상 수훈'에 견주기도 한다. 내가 특히 이 설법에 주목하는 이유는 여기에서 붓다가 욕망의 격정에 관해 하나의 새롭고도 중요한 이미지를 나타내 보이고 있기 때문이다. 그때까지 붓다는 욕망이 고조된 상태를 가리켜 '갈애(渴愛, taṇhā, thirst)'라는 말을 쓰고 있었다. 그것은 목마른 자가 물을 바라 마지않는 상태로서, 욕망의 격정을 비유한 것이다. 그런데 이제 여기에서 붓다는 같은 욕망의 격정을 이야기하면서, '연소(āditta, blazing)' 즉 타오르는 불꽃을 비유로 사용한 것이다. 이 새로운 표현 방식은 그때부터 불교의 흐름 속에서 중대한 영향을 미친다. 후대 불교인의 '번뇌의 불꽃'이라는 표현도 이 영향으로 생겨났을 터이다. 그리고 붓다의 도(道)의 궁극적 목표를 이 이미지로 이야기한다면, 결국은 이 불꽃을 끄는 것이 이상이라고 할 수밖에 없으리라. 그리하여 '열반'이라는 말도 이 갈래 속에서, 욕망의 불꽃이 꺼진 다음에 실현되는 청량하고 안온한 경지를 표현하기 위해 성립한 것이라고 생각된다.

최고선(最高善)의 문제로서의 열반

여기서 약간 방향을 바꾸어 말하고자 한다. 그러나 이 또한 열반의 사상적 의미를 밝히는 데 이바지하고자 하기 때문이다.

아리스토텔레스는 『니코마코스의 윤리학(*Ethica Nicomachea*)』 제1권에서

"우리가 달성해야 할 온갖 선(善) 중에서 최고의 것은 무엇일까?"

라는 문제를 제기한다. 이른바 최고선의 개념이다. 그는 스스로 이렇게 대답한다.

"명목상으로는 모든 사람의 대답이 대체로 일치한다. 즉 일반인이거나 교양인이거나, 그것은 행복일 터임에 틀림없다. 그뿐이 아니라 잘 사는 것을 행복과 같은 뜻으로 이해하는 점에서도 그들은 일치한다. 그러나 일단 그 행복이란 무엇이냐 하는 점에서는 사람들 사이에 여러 의견이 대립하고, 또 일반인들의 주장은 학자들의 그것과 성격을 달리하게 되는 것이다."

이리하여 최고선의 문제를 '행복'으로 대치해서 세상 사람들이 행복이라고 여기는 내용들이 하나하나 검토되고 평가된다. 그것은 언제나 경험에 입각하여 사색해 가는 이 철학자의 사고 방식이기도 한다.

첫째로 세상의 가장 저속한 사람들이 이해하고 있는 선 또는 행복이 검토된다. 그것은 아무래도 쾌락을 뜻하는 것 같다. 그것에도 일리가 없다고는 못하겠지만, 결국 그들은 가축과 다를 바 없는 생활을 선택함으로써 완전히 노예와 같은 인간임을 보이고 있다는 것이 이 철학자의 엄격한 진단이다.

둘째로 검토된 것은 품위 있는 실천적 활동을 하고 있는 사람들의 행복관이다. 거기서는 명예가 곧 선이요, 행복이라고 여겨진다. 정치가나 군인들이 명예나 권세를 추구해 마지않는 것이 그것이다. 이에 대해 아리스토텔레스는 명예 따위는 결국 피상적인 것에 지나지 않는다고 말한다. 왜냐하면 명예는 이것을 받는 사람에게서 말미암는 것이 아니라 주는 사람에게 달렸기 때문이라는 것이다.

그리고 셋째는 축재의 생활이 검토된다. 거기에 대한 비판도 철저하다. 그것은 말하자면 강요된 생활이어서, 재물이 우리가 구하는 선이 아닌 것은 명백하다고 단정한다. 바꾸어 말해서 재산은 무엇인가를 위해서 필요하고 다른 것을 위해서 존재하며, 그 자체 때문에 사랑할 수는 없다는 것이 이 철학자가 내린 평이하고 함축성 있는 설명이다.

그런 분석과 검토 끝에 이 철학자는 인간이 기대할 수 있는 최고선에 대해 자기의 견해를 밝히기에 이른다. 거기서도 그는 꽤 긴 말로 상세한 설명을 하는데, 그 귀결점은 인간이 지닌 탁월성에 따르는 영혼의 활동이 최고선이라는 것이다. 이것은 아리스토텔레스 특유의 말투여서, 약간의 주석이 필요할지도 모르겠다. 인간이 지니는 탁월성이란 영혼의 합리적인 작용을 말한다. 즉 도리를 따르는 것, 또는 스스로 도리에 맞게 지성적으로 사고하는 것을 뜻한다. 그런 영혼의 활동이 아무것에도 방해받지 않고 자유로이 행해지는 것을 아리스토텔레스는 인간의 최고 행복이라고 본 것이다.

이와 같이 아리스토텔레스의 주장을 장황하게 늘어놓는 까닭은 주제를 바꾸고 싶어서가 아니다. 주제는 어디까지나 불교요 붓다의 가르침이다. 그 붓다의 가르침은 궁극에 우리를 어디로 이끌어 가려는 것일까? 더 단적으로 말한다면 붓다는 우리를 위해서 어떠한 최고선을 설할까? 이야기를 하기 위해서 나는 이제 아리스토텔레스를 앞세워 길을 서둘러 가고 있는 셈이다.

생각건대 종교의 세계는 인간의 욕망을 비추는 거울이라고 할 수 있으리라. 우리네 인간은 온갖 욕망을 지니고 살아간다. 맛있는 음식을 먹고, 아름다운 옷을 걸치고, 이성을 사랑하고, 재산을 축적하고, 명예와 권세를 쥐고자 한다. 헤아려 보면 인간의 욕망에는 한이 없다. 더욱이 인간은 합리적인 노력으로 그것을 달성할 수 없을 때, 하느님이나 부처님의 힘에 의해 그것이 충족되기를 바란다. 즉 세속적 수단이 좌절됨으로써 종교적 수단에 매달리려 하는 것이다. 이리하여 종교의 세계도 또한 인간이 지니는 온갖 욕망의 소용돌이가 되어 버린다.

그런데 이렇게 종교의 세계에 밀려오는 욕망에 대해서, 세상의 종교 지도자들은 흔히 영합하는 태도를 취하는 것 같다. 어떤 신을 섬기면 부자가 될 수 있다고 말하는 이도 있다. 어떤 수행을 쌓으면 장수할 수 있으리라고 주장하는 이도 있다. 그 밖에도 병을 고친다든지, 장사를 잘 되게 한다든지, 심지어는 입신 출세로부터 성욕에 이르기까지, 그대로 종교적 대상에 연결되는 경우가 적지 않다. 앞에 든 아리스토텔레스의 분석을 빌리자면, 쾌락·명예·축재 같은 궁극적인 선이 될 수 없는 것들이 닥치는 대로 채택되어 이치에 맞지 않는 해결책이 제시되는 일이 허다하다. 그리고 세상 사람 중에는 종교란 본래 그런 것이려니 생각하는 사람이 적지 않다.

그러나 여러 종교 중에서 불교만은, 최소한 붓다의 가르침만은 그런 종교와는 성격을 달리한다. 그런 것은 붓다 자신의 말씀마따나 세상의 조류에 역행하는 것이다. 다시 한 번 아리스토텔레스의 분석을 빌린다면, 쾌락이나 명예나 축재 같은 인간적 욕망을 약속하는 일은 전혀 없다. 오히려 그런 욕망에의 격정을 완전히 없앰으로써 마음을 구속하고 이성을 방해하는 것이 없는, 완전히 자유롭고 광활한 심경을 궁극의 이상으로 삼아 "니희도 오라."고 손짓하며 부른다. 그 경지를 '열반'이라는 말로 나타낸 까닭은 거기에 이르면 탐욕도 노여움도 어리석음도 완전히 사라져서, 이제는 그를 태울 어떤 불꽃도 남아 있지 않다는 것을 말하고자 하였기 때문이리라.

3. 실천의 요목

붓다의 면모

붓다의 두 얼굴

붓다에게는 두 가지 얼굴이 있다고 나는 생각한다. 그 한 얼굴은 사상가 또는 철학자로서의 모습을 띤 얼굴이요, 다른 또 하나의 얼굴은 종교가 즉 새로운 진리의 설법자·전도자로서의 그것이다.

저 보리수 밑에서 열의를 다하여 존재의 양상에 대해 사유하던 시절의 붓다는 명백히 사상가의 얼굴을 지닌 진리의 추구자였음에 틀림없다. 그 응시하는 눈 앞에 일체의 존재는 그 진상을 드러냈으며, 그것으로 말미암아 그의 의혹은 남김없이 사라지고 그는 명실 공히 깨달은 사람, 즉 정각자가 된 것이다. '붓다(Buddha)'라는 명칭은 그때 이래 그에게 어울리는 말이 된다.

그로부터 붓다는 얼마 동안 더 그 보리수 또는 그 근처의 나무 밑에 앉아서 명상과 사색의 나날을 보낸다. 그 기간은 아마도 몇 주일이나 되었던 모양이다. 그동안 그의 가슴 속에는 사유하는 인간의 즐거움이 그득하다. 그 모양을 한 경(『소부경전』 우다나 1:1~4)은

"그때 세존께서는 한 번 부좌(趺坐)하신 채 이레 동안 해탈의 즐거움을 되씹으면서 앉아 계셨다."

고 되풀이하여 말하고 있다.

그 사이에 붓다가 영위한 사색의 내용은 그 파악한 존재의 진상—그것이 깨달음의 내포(內包)이다—을 연기(緣起)의 법칙으로 정리하는 것과 그 법칙을 인간 존재에 적용시킴으로써 연기의 계열을 정비하는 것이다. 그 과정은 앞에서 상세히 언급한 바 있거니와, 그런 사색을 계속할 때의 붓다의 얼굴은 의심할 여지 없이 사상가로서의 그것이었으며 철학자의 모습을 띤 것이었다고 상상된다.

그런데 붓다는 이윽고 그 나무 밑에서 일어나 새로운 진리의 설법자로서 바라나시의 교외 미가다야(鹿野苑)로 떠난다. 그때 붓다는 또 하나의 새로운 얼굴을 사람들 앞에 나타낸다. 그리고 그로부터 저 '크나큰 죽음'에 이르기까지 그 얼굴을 언제나 지속한다. 그 얼굴은 설법자로서의 얼굴, 전도자로서의 얼굴, 또는 인간의 교사로서의 얼굴이다.

그러면 대체 무엇 때문에 석가는 사상가로서의 얼굴에서 설법자의 얼굴로 변모할까? 또 그 변모의 경위는 어떠할까? 나는 우선 그것을 살핌으로써 붓다가 그 사상으로부터 실천으로 옮아간 소식을 밝혀 보고자 한다.

정각자의 고독

한 경(『상응부경전』 6 : 2 공경. 한역 동본, 『잡아함경』 44 : 11 존중. 『별역잡아함경』 5 : 18)은 정각 직후 아직도 네란자라(尼連禪河) 강가의 니그로다(榕樹) 밑에 앉아 있던 붓다에 대해 좀 이상한 기록을 남기고 있다. 붓다는 그 독좌 정관 속에서 이런 생각을 하였다는 것이다.

"존중할 데가 없고 공경할 것이 없는 생활은 괴롭다. 나는 어떤 사문 또는 바라문을 존중하고 가까이해야 하랴."

나는 처음 이 구절에 접했을 때, 그 참뜻을 이해하기가 매우 어려웠다. 이제 정각을 성취하여 '붓다'가 된 그가 스승으로 섬길 아무도 없다는 점에 불안을 느끼다니, 그것은 대체 무엇을 뜻할까? 나에게는 그것이 이해가 가지 않았다. 그러나 차츰 그 참뜻이 짐작되기 시작했다. 그것은 정각자의 고독이라고나 해야 할까?

생각건대 정각을 성취한 일은 더 없는 즐거움이었을 것이 틀림없거니와, 퍼뜩 깨닫고 보니 이런 생각을 지니고 있는 이는 천하에 자기 혼자뿐이 아닌가. 거기에서부터 정각자의 고독이 생겨났다고 해서 이상할 것은 없다. 만약 같은 생각을 지닌 사상가가 있다면, 거기에 가서 흉금을 털어 놓고 이야기를 주고받을 수도 있을 터이다. 그러나 그럴 만한 사람이 아무도 없다는 것을 자각했을 때, 무엇인지 모를 고독과 불안이 마음을 스치고 지나간 것이겠다.

그러면 어떻게 해야 할까? 그때 붓다는 이렇게 생각했다고 경은 기록하고 있다.

"나는 차라리 내가 깨달은 법, 이 법을 존중하고 가까이하면서 살리라."

후세의 불교 용어로 말하자면, "법에 의지하고 사람에 의지하지 않는다."는 뜻이 되리라. 그러기 위해서는 이 '내가 깨달은 법'을 객관화하여 흔들리지 않도록 확립해 놓아야 한다. 거기에서 설법이라는 과제가 새로이 그의 앞에 다가오기에 이른다.

다시 한 경(『상응부경전』 6 : 1 권청. 한역 동본, 『증일아함경』 19 : 1)은 범천(梵天) 설화의 양식으로써, 설법이라는 이 새로운 과제에 직면한 붓다의 심리적 추이를 설명하여 아름답게 묘사하고 있다. 그것도 또한 붓다가 아직 니구로다 밑에 앉아 있을 때의 일이다. 그는 그 사색 속에서 이런 생각을 한다.

'이제 내가 깨달은 내용은 매우 깊고 미묘하여, 사람들이 좀처럼 이해하지 못할 것이다. 만약 내가 설한다 해도, 사람들은 내가 말하는 것을 이해 못하고, 나는 오직 지치고 말 것이다.'

그리고 그런 생각에 사로잡힌 붓다의 마음은 차차 이 새로운 과제에 대해 부정 쪽으로 기울어진다. 이 경에는 몇 개의 아름다운 게(偈)가 끼어 있거니와, 그 중의 하나는 이런 붓다의 심정을 다음과 같이 노래한다.

고생 끝에 겨우 깨달은 것을
어찌해 남들에게 설해야 하랴.
탐욕과 노여움에 불타는 사람들에게
이 법을 알리기란 쉽지 않으리.

이는 세상의 조류에 역행하여
심심(甚深) 미묘하고 정세(精細)하기에
격정(激情)에 사로잡힌 사람들이나
무명(無明)에 덮인 이는 이해 못하리.

그것은 붓다에게나 불교에게나 하나의 위기였다고 할 수 있다. 왜냐하면 그 사상이 아무리 훌륭한 것이라고 해도, 만약 그것이 사람들에게 설해지지 않는다면 그것은 다만 붓다의 가슴속에 간직된 채 드디어는 붓다의 죽음과 함께 이 지상에서 사라질 수밖에 없기 때문이다. 그렇다면 불교도 싹조차 틔울 여지가 없었을 것임에 틀림없다.

그러나 붓다는 이윽고 부정 쪽으로 기울던 마음을 되돌려, 마침내 설법을 결의하기에 이른다. 그 심리적 전환의 경위를 이 경은 '범천의 권청'이라는 신화적 수법을 통해 그리고 있다. 범천(Brahmā)이란 인도인이 받들어 오던 신인바, 그 신이 붓다의 속마음을 알고 붓다를 예배하면서 설법을 하여 주시도록 권청한다는 것이다. 그것은 아름답고 구성면에서도 빈틈없는 이야기이다. 하지만 붓다의 설법 결의는 결코 그러한 객관적인 계기로 이루어졌다고는 믿어지지 않는다.

무릇 고대인의 문학적 수법은 거의 심리 묘사를 무시하는 데에 특징이 있다. 그들은 흔히 심리적 과정을 객관적 사건을 통해 묘사한다. 마음속에 나쁜 생각이 떠오르면 악마의 속삭임이라고 표현하고, 훌륭한 생각이 떠오르면 범천 같은 신을 등장시킨다. 그것이 불교 경전의 문학 형식의 상례이다. 그러면 이에 범천 설화의 양식으로써 묘사된 붓다의 설법 결의의 진상은 어떻게 알 수 있을까? 그것을 푸는 열쇠 또한 앞에 든 '정각자의 고독'을 이야기한 경 속에 감추어져 있는 듯하다. 새로운 사상을 자기 혼자 지니고 있다는 것은 도저히 견딜 수 없는 일이리라. 그것을 어떻게든 남에게 알려서 동조를 얻고 싶어지리라. 인간이란 혼자서는 살 수 없는 사회적 동물이며, 붓다도 인간이기 때문이다.

설법자로서 일어난 붓다

이리하여 설법의 결의는 이루어진다. 붓다는 어떻게든 그 사상을 사람들에게 설해야 했다. 하지만 이 새로운 사상은 여전히 심심 미묘하고 정세하여서 이해하기 어려운 것임에 틀림없다. 그것을 그대로 설해 가지고는 사람들은 도저히 이해 못할 것이며, 붓다는 붓다대로 다만 지치고 말 것이 예상된다. 그러면 어떻게 해야 할까?

이에 붓다는 그 사상을 남들에게 설명하기 위해 다시 체계화할 필요를 느낀다. 그것도 역시 나무 밑에서의 명상 속에서 이루어졌을 것으로 생각된다. 그런 일은 초기 경전의 어디에도 기록되어 있지는 않다. 그러나 저 보리수 밑에서의 깨달음의 내용과 미가다야에서의 최초의 설법—이른바 초전 법륜(初轉法輪)—의 내용 사이에 보이는 중대한 변화가 무엇보다도 웅변으로 그 사실을 입증하고 있다.

이미 말한 바와 같이 깨달음의 내용은 의심할 여지 없이 이론적인 것이다. 그것은 순수한 존재론이며, 모든 존재 양상에 관한 상대적 이론이다. 이에 비해 초전 법륜 즉 첫 설법의 내용은 전혀 그 성격이 달라져서, 실천적인 체계로서 제시된다. 물론 그 전자와 후자 사이에는 밀접한 사상적 연관이 있다. 그 전자인 존재론에서의 이론이 기초가 되고 배경이 됨으로써, 후자의 실천론적 체계가 정연히 전개된 것이다. 그렇다고 해도 양자 사이의 변화는 실로 괄목할 만한 점이 있다.

이를테면 이른바 연기라는 말을 검토해 보자. 그것은 이미 말한 바와 같이 깨달음의 내포(內包)를 이루는 것이다. 정각 직후의 사색에서도 그것이 주제이다. 거기에서는 사유하는 인간으로서의 기쁨이 충만한 사상가의 얼굴을 가진 붓다가 존재의 법칙과 정면으로 대결하고 있는 모습이 엿보인다. 그런데 그는 이윽고 그 명상으로부터 일어나 바라나시에 이르러 그 교외인 미가다야에서 다섯 명의 수도자들을 상대로 첫 설법을 한다. 그런데 거기서는 연기의 존재론이 주제가 아니다. 현존하는 경전들이 이야기하는 한에서는 거기에는 연기라는 말조차도 나타나 있지 않다. 붓다의 사유 속에서 그 존재론이 탈락해 버렸다고는 생각되지 않으나, 그것은 훨씬 뒷전으로 물러가고 그 대신 새로이 구성된 실천론이 그 전면에 나타난 것이다. '사제 설법(四諦說法)' 또는 '사제 팔정도(四諦八正道)'라고 일컬어지는 첫 설법의 내용은 이러하다. 거기에는 설법자로서의 붓다, 더 적절히 말한다면 도사(導師)로서의 얼굴을 가진 붓다의 모습이 나타난다. 그리고 그 얼굴은 그로부터 그의 크나큰 죽음에 이르기까지 바뀌는 일이 없다.

그런 소식을 전하는 것으로서, 나는 다시 한 경(『상응부경전』 56 : 31 申恕)의 기록을 소개해 두고 싶다. 그때 붓다는 제자들과 코삼비(憍賞彌)라는 도시의 교외인 신사파(申恕) 숲에 머무른다. 붓다는 제자들과 함께 숲 속을 거닐면서 신사파 잎사귀를 두서너 개 따서 손바닥에 놓으신 채 말씀한다.

"비구들이여, 지금 내 손바닥에 있는 싱사파 잎사귀와 이 숲에 있는 싱사파 잎사귀 중에 어느 쪽이 많겠느냐?"

"대덕이시여, 세존의 손에 있는 잎은 적사오며, 이 숲에 있는 그것은 많사옵니다."

"비구들이여, 그와 마찬가지로 내가 설한 것은 적고, 내가 설하지 않은 부분은 많으니라."

그것은 그의 사상 체계와 그 설법 내용과의 관계를 밝힌 것이라고 생각된다. 붓다의 설법에서 그 사상의 전 체계는 이야기되지 않은 것이다. 즉 그가 말씀한 가르침은 붓다가 알고 계신 내용에서 볼 때 아주 적은 부분이었다는 말이 된다. 그리고 이 경의 마지막은 이렇게 되어 있다.

"비구들이여, 내가 설한 것은 무엇이었던가? '이는 고(苦)이다.'라고 나는 설했다. '이는 고의 발생이다.'라고 나는 설했다. '이는 고의 소멸이다.'라고 나는 설했다. 또 '이는 고의 소멸에 이르는 길이다.'라고 나는 설했다.

비구들이여, 왜 나는 그것들을 설했던가? 비구들이여, 그것은 실천에 도움이 되는 까닭이며, 실천의 기초가 되는 까닭이며, 적정(寂靜)·증지(證智)·등각(等覺)·열반에 이바지하기 때문이다. 그래서 나는 설했느니라."

여기에 보이는 것은 이미 사상가로서의 붓다의 얼굴이 아니라, 종교가 또는 실천의 도사(導師)로서의 붓다의 얼굴이다.

사상가에서 종교가로 옮아간 과정

그러면 대체 이 사람의 본질은 무얼까? 사상가일까, 종교가일까, 우리는 퍼뜩 그런 의문을 지니게 된다. 그러나 잘 생각해 보면, 붓다는 무아(無我)를 주장하는 사람이다. 인간에게는 불변하는 본질 같은 것은 없다고 생각하는 사람이다. 그렇다면 우리 또한 그런 의문을 제기하지 말아야 되는 것인지도 모른다. 다만 지적할 수 있는 것은 붓다가 설법자로서 일어서기까지에는 여러 가지 우여곡절이 있었다는 사실이다. 그것을 대강 순서대로 이야기하면 다음과 같이 될 것이다.

1) 설법이라는 과제의 배태(胚胎) 앞에서 나온 '공경'이라는 이름의 경이 전하고 있는 바가 그것이다. 거기서 주의해야 할 일은 그때까지의 그의 노력은 모두 자기 과제의 해결에 집중되며, 그것을 사람들에게 설한다는 생각은 전혀 없다는 사실이다.
2) 설법에 대해 부정 쪽으로 기울어진 일 앞에 나온 '권청'이라는 경의 전반 부분이 나타내고 있는 바가 그것이다. 그 이유는 그가 파악한 사상이 세상의 통상적인 조류에 역행하는 것이고, 심심 미묘하여 일반인들은 이해하기가 몹시 어려울 것이라 여겼기 때문이다.

3) 드디어 설법을 결의한 일　'권청'의 후반이 서술하고 있는 바가 그것이다. 단 거기서 '범천의 권청'으로 되어 있는 부분은 더 인간적인 심리 사실로서 이해되어야 하겠다. 그 마지막에 "이제 나는 감로(甘露)의 문을 여노니, 귀 있는 이는 듣고 낡은 믿음을 떠나라."고 한 구절이 인상적이다.

4) 새로이 설법을 위해 실천론의 체계가 마련된 일　이 사실은 어느 경에도 나타나 있지 않으나, 보리수 밑에서의 사색 내용과 뒤에 미가다야에서 펼친 설법을 비교해 볼 때 이렇게 추측이 된다. 그 준비도 보리수 밑의 명상 속에서 이루어졌을 것이다.

5) 미가다야에서의 첫 설법　뒤에서 언급하듯 그것은 『여래소설』이라는 경에 나타나 있다. 붓다는 우루베라로부터 바라나시에 이르러, 그 교외인 미가다야에서 다섯 명의 수도자들을 상대로 첫 설법을 한다. 그 정경과 내용에 대해서는 다음 장에서 자세히 말하겠으나, 이리하여 첫 설법이 이루어짐으로써 아울러 불교가 성립한 것이라고 생각된다. 후세의 불교인들이 이 최초의 설법을 '초전 법륜'이라 불러, 붓다의 네 가지 큰일 중의 하나로 친 것도 이유 있는 일이라 하겠다.

6) 전도의 선언　'계제(係蹄)'라는 경의 전반에 나타나 있는 바가 그것이다. 붓다는 미가다야에 계시는데, 그의 가르침을 듣고 제자가 된 사람이 어느덧 60명이나 된다. 그때 비로소 붓다는

"비구들이여, 자, 전도를 떠나거라. 많은 사람들의 이익과 행복을 위하여. 세상을 불쌍히 여기고 모든 사람들(人天)의 이익과 행복과 안락을 위하여."

라고 전도할 것을 선언한다. 여기서 특히 주목되는 것은 "많은 사람들의 이익과 행복을 위하여"라 해서, 중생 제도의 정신이 표현된 것은 이것이 처음이라는 사실이다.

7) 악마의 속삭임을 들은 일   그것은 이해하기 어려운 일이거니와, '계제'의 후반에 기록되어 있는 내용이다. 전도를 선언한 붓다 앞에 악마가 나타나서 이렇게 속삭인다는 것이다.

그대는 인천(人天)의 이 세상에서
악마의 올가미에 걸리었도다.
악마의 쇠사슬에 매이었도다.
사문이여, 그대는 아직 자유롭지 못하니라.

아마도 전도를 정식으로 선언하는 순간, 그는 돌연 자기의 두 어깨에 새로운 큰 짐이 지워진 것을 생각하고 잠시 동안 주저한 것이 아니었나 생각된다. 그러나 붓다는 단호히 그런 유혹을 일축하고 전도를 위해 스스로 일어나는 것이다.

우리는 이렇게 하여 붓다가 우여곡절 끝에 전도자로서 일어나기까지의 자취를 더듬어 본 셈이다. 그 심리적 변화는 대단히 흥미롭다. 원래 사상가로서의 경향을 농후하게 지니고 있었을 것임에 틀림없는 붓다이기에, 의심할 나위도 없이 종교가로 나서기에 앞서 주저하는 듯한 흔적이 역력히 드러나 보인다. 하지만 이제 단호히 일어서 전도의 길에 오른 그의 얼굴에는 전도자·종교가로서의 자신이 충만해 있었을 터이다.

욕망론을 중심으로
사제 설법

첫 설법의 성립

설법의 결의가 이루어지고 그 준비도 마친다. 그러나 그로부터 첫 설법에 이르기까지의 길은 결코 순탄하지가 않다. 붓다는 우선 누구를 첫 상대로 이 법을 설해야 할지를 신중히 고려하지 않으면 안 된다. 왜냐하면 이 법은 새로이 준비되었을 뿐더러 매우 미묘하기 때문이다. 그것만이 아니다. 이것을 설함으로써 남을 이해시킬 수 있을지 없을지는, 그대로 붓다가 획득한 깨달음 자체의 첫 시험이기도 하기 때문이다.

이미 말한 바와 같이, 붓다의 첫 설법의 대상은 다섯 수행자들이다. 그들은 붓다가 마가다에서 수도할 때의 동료들이었으나, 지금은 바라나시 교외인 미가다야에 있다는 말을 듣게 된다. 그래서 붓다는 그들을 찾아 나선다. 그 길은 대략 250킬로미터나 된다. 그 길을 멀다 하지 않고 찾아갔다는 것은 붓다가 이 첫 시험에 대해서 얼마나 필사적이었는지를 느끼게 한다. 더구나 미가다야에 이른 붓다를 옛 친구들은 결코 반기는 편이 아니다. 그들은 붓다가 다가오는 것을 보자

"보라, 저기 오는 것은 사문 고타마이다. 그는 사치에 빠져 고행을 포기했다. 그가 와도 일어서서 맞아 주지는 않으리라. 의발(衣鉢)도 받아 주지 않으리라."

라고 서로 이야기한다. 그런 형편이었으므로 붓다가 그 깨달은 바를 아무리 말해도 그들은 들으려고도 하지 않는다. 그들은 붓다가 고행을 포기한 일을 가지고, 그를 경멸하고 있던 까닭이다. 옥신각신한 끝에, 그때 붓다가 한 말씀을 경은 이렇게 전하고 있다.

"비구들이여, 그대들은 일찍이 내 안색이 이리도 빛나는 것을 본 적이 있는가?"

그 얼굴에는 새로 얻은 깨달음과 그것으로 말미암은 자신이 뚜렷하게 나타나 있다. 그렇다면 시험삼아 들어 보겠다는 그들을 상대로 붓다의 첫 설법이 시작된다. 그 내용을 『여래소설』이라는 경은 다음과 같이 전하고 있다.

"비구들이여, 출가한 이는 두 극단에 접근해서는 안 된다. 그 둘이란 무엇인가? 온갖 욕망에 오로지 집착함은 비열하고 천하다. 범부의 소행이어서 성스럽지 않고 또 무익하다. 그리고 스스로 고행을 일삼는 것은 다만 괴로울 뿐 성스럽지 못하며 또 무익하다. 비구들이여, 나는 이 두 가지 극단을 버리고 중도(中道)를 깨달았다. 그것은 눈을 뜨게 하고, 지혜를 생기게 하며, 적정(寂靜)과 증지(證智)와 등각(等覺)과 열반에 도움이 된다.

비구들이여, 그러면 내가 깨달은 바 눈을 뜨게 하고, 지혜를 생기게 하며, 적정과 증지와 등각과 열반에 도움이 되는 중도란 무엇인가? 그것은 성스러운 팔지(八支)의 도(道)이니라. 정견(正見)·정사(正思)·정어(正語)·정업(正業)·정명(正命)·정정진(正精進)·정념(正念)·정정(正定)이 그것이다. 비구들이여, 그것이 내가 깨달은 중도여서 눈을 뜨게 하고, 지혜를 생기게 하며, 적정과 증지와 등각과 열반에 도움이 된다.

비구들이여, 고(苦)의 성제(聖諦)란 이것이다. 생(生)은 고이다. 노(老)는 고이다. 병은 고이다. 사(死)는 고이다. 시름·슬픔·불행·근심·번민은 고이다. 미워하는 사람과 만나는 것은 고이다. 사랑하는 사람과 헤어지는 것은 고이다. 구하다가 얻지 못하는 것은 고이다. 통틀어 말한다면 이 인생의 양상은 고이다.

비구들이여, 고의 발생의 성제란 이것이다. 후유(後有)[1]를

---

1) 내세에서 윤회를 되풀이하는 존재.

일으키고, 기쁨과 탐욕을 수반하고, 무엇에나 집착하는 갈애(渴愛)가 그것이다. 그것에는 욕애(慾愛)[2]와 유애(有愛)[3]와 무유애(無有愛)[4]가 있다.

비구들이여, 고의 소멸의 성제란 이것이다. 이 갈애를 남김없이 멸하고, 버리고, 떠나고, 벗어나서, 더 이상 집착함이 없기에 이르는 일이다. 비구들이여, 고의 소멸에 따르는 도(道)의 성제란 이것이다. 성스러운 팔지(八支)의 도(道)이니, 정견·정사·정어·정업·정명·정정진·정념·정정이 그것이다."

이 경이 서술한 『여래소설』의 주요 부분은 이것뿐이다. 하지만 그것은 그때 붓다가 말씀한 내용의 요점만을 추린 것일 터이다. 왜냐하면 이 최초의 설법을 그들이 이해하여 받아들이게 되기까지에는 적어도 며칠이 걸리기 때문이다. 한 경(『중부경전』 26 성구경)은 그 동안의 그들의 생활을 묘사하여, 이런 일절을 남기고 있다.

"이리하여 붓다가 두 사람의 비구에게 설명하고 있을 때에는 세 사람의 비구가 탁발하여 그들이 얻어 온 것으로 여섯 명이 생활했다. 또 세 사람의 비구에게 가르치고 있을 때에는 두 사람의 비구가 탁발하여 그들이 얻어 온 것으로 역시 여섯 명이

---

[2] 성욕.
[3] 개체 존속의 욕망.
[4] 명예·권세에 대한 욕망.

생활했다."

 이런 며칠이 지나고 나서야 다섯 비구의 한 사람인 콘단냐(憍陳如)가 마침내 붓다의 가르침을 이해한다. 그것은 본인에게도 큰 기쁨이었을 것임에 틀림없거니와, 아울러 어쩌면 그 이상으로 붓다의 기쁨이기도 하였을 것이다.

 "콘단냐는 깨달았다. 콘단냐는 깨달았다!"

 붓다의 그때의 이런 환성이 무엇보다 그 기쁨을 잘 나타내고 있다. 그로부터 사람들은 이 비구를 '안냐타 콘단냐'라고 부르게 된다. 그것은 그때 붓다가 한 말씀을 그의 이름으로 삼은 것이어서, 그 환희가 얼마나 인상적이었는지를 느끼게 한다.
 이윽고 나머지 네 명도 차례차례 붓다의 가르침을 이해하기에 이른다. 그것으로써 붓다의 사상적 시험은 숱한 난관을 뚫고 마침내 성공한 셈이다. 그러나 우리가 볼 때 문제가 그것으로 끝난 것은 아니겠다. 첫째로 이런 사정 밑에서 성립한 최초의 설법은 그것이 첫 설법이었다는 사실 외에도, 그 후의 다른 설법들과는 전혀 성격이 다른 양 생각된다. 그 점을 먼저 검토해 보아야 하겠다. 둘째로는 이 최초의 설법에는 사제(四諦)니 중도(中道)니 팔정도니 하는 이제까지 못 보던 새롭고 중요한 개념이 나타나 있다. 그것들에 대해서도 충분히 검토해 보아야 할 것이다.

네 가지 명제를 표방하고

여기서 나는 앞에 나온 한 경(『상응부경전』 56 : 31 신서)에 실린 붓다의 말씀을 상기하지 않을 수 없다. 거기서 붓다는 이렇게 말씀한다.

"비구들이여, 내가 설한 것은 무엇이었던가? '이는 고(苦)이다.'라고 나는 설했다. 또 '이는 고의 소멸에 이르는 길이다.'라고 나는 설했다."

그것은 이 『여래소설』 중의 "고의 성제란 이것이다."라는 대목부터 "고의 소멸에 따르는 도(道)의 성제란 이것이다."라는 대목에 이르는 네 조목을 이른 말씀이다. 그 말투를 보건대 내가 설하는 것은 이것으로 다한다는 태도가 역력하다. 같은 취지를 다른 한 경(『중부경전』 28 상적유대경. 한역 동본, 『중아함경』 30 상적유경)에서는 그 고제자인 사리불이 이런 비유로써 설하고 있다.

"여러분이여, 모든 동물의 발자국은 무엇이나 코끼리의 발자국에 들어간다. 코끼리의 빌자국은 그 크기가 그것들 중에서 으뜸이다. 그것과 마찬가지로 여러분이여, 모든 선법(善法)은 무엇이나 네 가지 성제에 포괄된다. 그 네 가지란 고의 성제·고의 발생의 성제·고의 소멸의 성제·고의 소멸에 이르는 도(道)의 성제이다."

그 비유는 코끼리의 나라인 인도 특유의 것이다. 뭍에서 가장 큰 동물인 코끼리의 발자국은 매우 커서 다른 동물의 그것은 모두 그 속에 들어가고 만다. 그것으로써 네 가지 성제의 가르침이 붓다의 온갖 가르침 중에서도 가장 크고 포괄적인 가르침이라는 것을 비유한 것이겠다.

그와 같이 이 네 가지 성제를 나열한 가르침은 붓다의 설법의 중심이 되는 것으로 보인다. 이 사실은 저 다섯 비구를 상대로 밝혀진 이래, 그 전도의 생애 45년을 통해 전혀 변함이 없다. 그러면 그렇게 중대한 가르침은 대체 어떤 식으로 그들 앞에 토로될까. 나는 일찍부터 그것에 대해 더 확실한 이미지를 가지고자 생각했지만, 이제야 겨우 그것을 얻은 듯이 자처하게 되었다. 그 힌트가 된 것은 제(諦, sacca)라는 낱말이다.

그것은 일반적으로 진실·진상·진리를 가리키는 데 쓰이는 말이거니와, 동시에 엄숙한 단언을 뜻하는 말이기도 하다. 그래서 여기서는 오히려 '엄숙하게 말해진 단언적 명제'라고 받아들이는 편이 사실과 가장 가까운 것처럼 느껴진다. 왜냐하면 이 첫 설법의 장소에서 서로 마주앉은 사람들이 결코 스승과 제자 사이는 아니기 때문이다. 또는 설법자와 청중의 관계일 수도 없다. 그것은 설법하는 자리라고 하기보다는 도리어 토론의 자리이며 대결의 자리라고 하는 편이 훨씬 진실에 가까울 것이다. 붓다는 그 깨달은 진리를 다섯 비구에게 이해시키고자 온 정력을 기울이며, 그들은 그들대로 마지못해 그것을 듣고는 있어도 솔직히 받아들이려 하기보다는 검토·비판하려고 든 것이 분명하다. 그러기에 붓다는 먼저 그들의 의혹을 풀어 주기 위해서 고행을 포기한 이유를 밝히고 나서, 그들 앞에 네 가지 명제를 내놓고 설명을 하고 토론을 벌인 것으로 생각된다.

그 첫째는 "이는 고(苦)이다."라고 하는 명제이다.
『여래소설』의 기록을 따르면

"비구들이여, 이것이 고의 성제(聖諦)이다."

라고 되어 있다. 그리고 그 다음은 이에 대한 설명이다. 먼저 인생을 고(苦)라고 판단하여, 이것을 과제로 내놓은 것이다.

그 둘째는 "이는 고의 발생이다."라는 명제이다. 『여래소설』에 의하면

"비구들이여, 이것이 고의 발생의 성제이다."

라고 되어 있다. 그리고 그 설명이 역시 뒤에 따른다. 이것은 고(苦)인 인생의 원인을 추구한 것이라고 할 수 있다.

그 셋째는 "이는 고의 소멸이다."라는 명제이다. 그것을 『여래소설』에서는

"비구들이여, 이것이 고의 소멸의 성제이다."

라고 말한다. 그 밑에 설명이 붙는 것은 앞의 것들과 같다. 고인

인생을 극복할 처방의 제시이다.

그 넷째는 "이는 고의 소멸에 이르는 길의 성제이다."라고 되어 있다. 역시 설명이 뒤에 따른다. 이것은 셋째의 성제에서 제시된 처방에 따라 실천의 항목을 든 것이라고 할 수 있다.

붓다는 그렇게 하여 차례차례 명제를 세우고, 그것을 설명해 간다. 다섯 비구들은 그에 대해 질문도 하고 반박도 해 본 끝에, 마침내는 그것을 이해하기에 이른다. 이렇게 되기까지에는 며칠이 걸릴 것은 쉽게 짐작이 간다. 나는 붓다 최초의 설법의 진상은 그랬으리라고 생각하는 바이다.

붓다의 욕망론

붓다의 사제(四諦) 설법은 단적으로 말해서 욕망론이라고 할 수 있을 것이다. 앞에서 나는 붓다가 첫 설법에서 연기의 존재론을 근거로 하여 실천의 체계를 구성한다고 말했다. 이 네 가지 성제(聖諦)로 이루어지는 체계가 실천론임은 초기 불교인들도 안 듯하다. 그들은 최초의 경전 편집 — 그때 『상응부경전』의 원형이 성립했다고 생각된다 — 에서 앞에 나온 『여래소설(如來所說)』이라는 경을 실천론의 부류(제5부 大品이 그것이다)에 끼워 넣는다. 그런데 그 실천을 위한 체계의 중심 항목을 이루는 것은 욕망의 문제임에 틀림없다.

그러면 붓다는 여기에서 욕망에 대해 어떻게 논할까? 그 문제에 들어가기에 앞서 먼저 검토해 두어야 할 것은 그 용어의 문제이다. 우리가 보아 온 바와 같이, 이 네 가지 성제 속에는 욕망이라는 말은 전혀 나오지 않는다. 그 대신으로 되풀이하여 나오는 것은 갈애(渴愛)라는 말이다. 그 말에 붓다의 욕망론의 핵심이 있는 듯이 느껴진다.

갈애란 앞에서도 언급한 바와 같이, 본디 '목마름'을 뜻하는 말이다. 붓다는 그 말로써 목마른 이가 물을 구해 마지않는 듯한 격렬한 욕망의 작용을 표현한 것이다. 비슷한 보기는 탐욕(rāga)이라는 말에서도 발견된다. 그것은 본디 붉은 빛깔 또는 연소를 뜻하는 말이거니와, 붓다는 그 말로써 붉은 불꽃에 비길 수 있는 사나운 욕망의 격정을 나타낸다. 그리고 여기에서 붓다가 욕망이라는 말 대신 그런 용어를 택한 것은 주의할 만한 일이다.

그것은 붓다가 결코 욕망 자체를 부정하는 사람이 아님을 말해 준다고 하겠다. 욕망 자체는 붓다의 견해에 의하면 무기(無記)의 것이다. 무기란 선악을 가리기 이전의 상태라는 말이다. 붓다는 욕망 자체를 가리켜 일률적으로 선, 혹은 악이라고 단정한 적은 없다. 만일 그렇게 단정한다면 그것은 도리에 어긋나기 때문이다. 이를테면 우리는 식욕이라는 욕망을 지니고 있다. 우리가 음식을 먹는 것은 그 욕망 때문이다. 그리하여 적당히 먹음으로써 심신을 유지하는 일은 필요하고도 좋은 일임에 틀림없다. 물론 지나치게 먹어서 몸을 상한다면 나쁘다. 그렇다고 해서 식욕을 부정하여 전혀 안 먹는다면 어찌 될까? 그것은 붓다 자신이 고행을 통해서 스스로 경험한 일이다.

이런 점에 유의하면서 저 네 가지 성제를 검토해 보자. 붓다는 먼저 첫째 명제에서 자기의 과제를 제기한다. 존재의 유한성 앞에서 두려움에 떠는 인간의 양상이 그것이다. "이는 고(苦)이다."라는 말은 그런 고백이라 할 수 있다. 붓다는 그것을 자각한 까닭에 출가하여 수하석상(樹下石上)의 사문(沙門)이 된 바이다. 그러나 자각을 하든 안 하든, 또는 출가를 하든 안 하든, 이 과제는 모든 사람 위에 무겁게 얹혀 있는 것이 확실하다. 그것을 다섯 비구가 이해할 때 둘째 명제가 제시되리라. 그 원인은 무엇이고, 그것이 말미암아 생기는 까닭은 무엇일까? "이는 고의 발생이다."라 하여 갈애가 고(苦)의 발생 조건이라고 설명한 것이다. 생(生)에 대한 갈애, 소유에 대한 탐욕, 명예·권세에 대한 격정, 그런 지나친 욕망이 그 원인이라고 지적된다. 그러나 아마도 그들 다섯 비구는 이 말을 받아들이기가 쉽지만은 않았을 것이다. 그런 사정은 오늘의 우리도 마찬가지이다. 붓다의 가르침 중에서 가장 이해하기 어려운 대목이 이것이라고 생각된다. 왜냐하면 이런 주장은 분명히 세상의 일반적 조류에 역행하는 것이 되기 때문이다.

우리가 인생을 괴로움이라고 보는 큰 까닭은 오래 살기를 원하면서도 너무나 빨리 늙음과 죽음이 다가옴을 어찌할 수 없기 때문이다. 또는 많은 것을 소유하고 싶은데도 불구하고 욕구가 채워지지 않기 때문이다. 그런데 붓다는 그렇게 오래 살기를 원하고 많은 것을 갖고자 하는 생각이야말로 괴로움의 원인이라고 말한다. 듣고 보면 이치는 그럴지 몰라도 그런 주장은 우리 소망과 명백히 배치된다. 소망과 배치될 경우, 선뜻 받아들이지 않는 것이 인간이다. 붓다 또한 그들에게 이것을 이해시키는 데 아주 힘이 들었을 것이다.

하지만 세상의 일반적 조류야 어떠하든, 사물의 이치는 붓다의 말씀대로임을 아무도 부정 못한다. 아무리 오래 살기를 원한다 해도, 이 무상한 존재 속에서는 누구나 오래지 않아 죽음에 의해 삼켜질 것임에 틀림없다. 『법구경』의 게(偈)에 이런 것이 있다.

> 하늘에 있든 바다 속에 들어가든
> 또는 산골짜기 동굴에 숨어 있든
> 죽음의 그 손 미치지 않는 곳은
> 이 세상 어디에도 있음이 없어라.

또는 소유욕에 사로잡혀 있는 사람이라면, 아무리 많은 것을 손아귀에 쥐더라도 마침내 만족하는 시기는 오지 않을 것이다. 왜냐하면 충족하면 할수록 더욱 커지는 것이 욕망의 숙명적 성격이기 때문이다. 따라서 욕망이 채워지기 어려운 것은 "바다가 강물을 삼킴과 같다."고도 설해지는 것이다. 그렇다면 아무리 기다려 보아야 마음이 편할 날은 올 리가 없다. 그러기에 메스는 오히려 욕망의 양상 자체로 향해져야 한다는 것이 붓다의 부철한 견해이다.

이리하여 붓다의 문제 추구는 욕망론으로 집중된다. 인생의 괴로움이 생겨나는 원인이 욕망의 격정에 있다면, 인생의 괴로움을 없애기 위해서는 그 격정을 제거하는 수밖에 없으리라. 붓다는 일찍이 한 경(『상응부경전』 1 : 63 갈애)에서 이렇게 말한 적이 있다.

> 세상은 갈애(渴愛)로 말미암아 인도되고
> 갈애로 말미암아 괴로움을 받는다.
> 갈애야말로
> 모든 것을 예속시킨다.

만약 그렇다면 예속 없는 인생을 확고히 세우기 위해서는 이 갈애를 없애야 될 것이다. 그것이 붓다의 셋째 명제인 "이는 고의 소멸이다."라는 주장이다. 『여래소설』에

> "비구들이여, 이것이 고의 소멸의 성제이다."

라고 되어 있는 것이 그것이다.

그래서 그 뒤를 이어 넷째의 명제가 "이는 고의 소멸에 이르는 길이다."라고 제시되기에 이른다. 『여래소설』의 말씀을 인용하자면

> "비구들이여, 이것이 고의 소멸에 이르는 길의 성제이다."

라는 것이 된다. 길(paṭipadā)이란 목적지에 이르는 방법, 즉 실천을 뜻한다. 그 실천 항목으로 붓다가 든 것은 성스러운 팔지(八

支)의 도(道), 이른바 '팔정도(八正道)'이다. 그것에 대해서는 다음 장에서 서술해 보고자 한다.

극단을 버리고
중도 · 팔정도

붓다의 변명

붓다에게서 실천의 원칙은 중도(中道, majjhimā paṭipadā)라는 말로 표현된다. 그 말도 저 최초의 설법에서 처음으로 표명된 것이다.

나는 이 일절에 '붓다의 변명'이라는 소제목을 달았다. 왜냐하면 『여래소설』이라는 경의 첫머리에 나오는 말씀을 읽으면서, 퍼뜩 '소크라테스의 변명'이 생각났기 때문이다. 소크라테스는 법정에 서서 공소장에 대한 변명의 말을 진술한 적이 있다. 플라톤은 자기 기억 속에 남아 있는 그 말을 기록하여 『아폴로기아』, 즉 『소크라테스의 변명』이라는 책을 낸다. 거기에는 위대한 철학자의 인생관이 생생히 표명되어 있다.

붓다가 멀리 미가다야를 찾아갔을 때, 다섯 비구가 그에게 내민 것도 역시 타락의 고발장이다. "그대는 사치에 빠져서 고행을 포기했다. 그대는 타락했다."는 내용의 규탄이다. 외형적인 법정에 서지 않았을 뿐, 기실 심판을 받은 점에서는 소크라테스와 다를 바가 없다고 하겠다. 붓다는 이 비난에 대해 우선 자기 입장을 변명할 필요를 느낀다. 그것이 『여래소설』의 첫머리에 나오는 일절이다. 이미 앞에서 인용한 바 있거니와, 여기에 다시 한 번 그 변명 부분만을 뽑아 보려 한다.

"비구들이여, 출가한 사람은 두 가지 극단에 가까워서는 안 된다. 그 두 가지란 무엇인가? 온갖 욕망에 오로지 집착함은 비열하다. 범부의 소행이어서 성스럽지 못하며, 또 무익하다. 그리고 스스로 고행을 일삼는 것은 다만 괴로울 뿐 성스럽지 못하며, 또 무익하다. 비구들이여, 나는 이 두 가지 극단을 버리고 중도를 깨달았다. 그것은 눈을 뜨게 하고, 지혜를 생기게 하며, 적정(寂靜)과 증지(證智)와 등각(等覺)과 열반에 도움이 된다.

비구들이여, 그러면 깨달은 바 눈을 뜨게 하고, 지혜를 생기게 하고, 적정과 증지와 등각과 열반에 도움이 되는 중도란 무엇인가? 그것은 성스러운 팔지(八支)의 도(道)이다. 정견(正見)·정사(正思)·정어(正語)·정업(正業)·정명(正命)·정정진(正精進)·정념(正念)·정정(正定)이 그것이다. 비구들이여, 그것이 내가 깨달은 중도이니, 그것은 눈을 뜨게 하고, 지혜를 생기게 하고, 적정과 증지와 등각과 열반에 도움이 된다."

이 '붓다의 변명' 또한 참으로 당당하며 풍성한 내용으로 차 있다. 그것은 먼저 두 가지 극단적인 입장에 대한 비판으로 시작된다. 현대의 용어로 말한다면 쾌락주의와 금욕주의에 대한 부정이다. 붓다 자신의 체험이 밑받침되어 있기에 그 비판은 힘에 넘친다. 그런 비판 끝에 붓다는 방향을 바꾸어, 현재 자기가 서 있는 새로운 실천론의 입장을 제시한다. 그것이 '중도'의 입장이며, 구체적으로 말해서 성스러운 팔지(八支)의 도(道) 즉 팔정도라는 것이다. 그러면 먼저 중도의 입장이라는 것을 검토해 보자.

중(中)은 정(正)이다

붓다는 그 이론에서나 실천의 원칙에서나, 낡은 것(전통적인 것)을 비판하고 그 위에 새 것을 수립한 사람이다. 그 점에서 이 사람의 사고 방식은 아리스토텔레스와 유사한 점이 있다. 이런 경향은 그의 용어에서도 명백히 보인다. 이를테면 '무상'이라는 말이 그렇다. 그것은 여러 가지 절대주의적 견해를 비판한 끝에, 그 위에 세워 놓은 상대주의의 의견이다. 또는 '무아'라고 하는 말도 마찬가지이다. 그것은 자아의 항구성을 주장하는 학설과 상식을 비판하여, 그것을 부정한 견해임에 틀림없다. 그리고 이제 '중도'라고 일컫는 것 또한 그런 성격에는 다름이 없다고 할 것이다.

거기에는 쾌락주의, 즉 욕망의 격정에 몸을 맡기는 생활 태도에 대한 비판이 들어 있다. 그리고 한편으로는 금욕주의, 즉 고행에 의해 도(道)를 닦고자 하는 실천 태도에 대한 비판이 들어 있음이 분명하다. 거기에다가 그런 비판의 배후에는 그 자신의 비통한 체험이 있다.

그 전자는 그가 가정에 있을 때에 체험한 바이다. 우리는 그 무렵의 붓다가 쾌락주의자였다는 증거를 가지고 있는 것은 아니다. 다만 그의 신분으로 볼 때, 그 생활이 쾌락으로 차 있었으리라고 단정해도 좋으리라. 그런 생활을 뿌리치고 출가했다는 것은 결국 그런 생활 태도에 대한 비판이 있었기 때문임이 분명하다.

그 후자에 대해서는 이미 누누이 언급한 바 있다. 보리수 밑에서 정각에 도달할 때까지의 붓다는 누구보다도 열성적인 금욕주의자이다. 그가 치른 고행은 많은 사람들의 탄복을 자아낸다. 그럼에도 불구하고 그는 그것을 통해 해결의 실마리를 찾아 낼 수 없다. 그는 자기가 길을 잘못 선택했음을 깨닫는다. 그런 체험에서 금욕주의에 대한 그의 비통한 비판이 생겨났음직하다.

생각건대 인류는 이미 오랜 기간에 걸쳐 이 지상에서 삶을 누려 왔다. 그 동안에 많은 경험이 쌓이고 여러 가지 이론이 생겨났다. 그것들은 결코 완전히 무시되어서 좋을 까닭이 없다. 그것들을 총괄해서 우리는 인류의 지혜라고 부를 수도 있을 것이다. 그렇다고 해서 그것이 완전 무결한 것은 아니며, 스스로 한계가 있기 마련이다. 그러기에 그것들은 후인들에 의해 비판되고 다시 개조되어 갈 필요가 있다. 그것이 인류의 진보이다. 아리스토텔레스가 형이상학의 뼈대를 세우면서 선인들의 의견—그것을 그는 doxa라 한다—부터 검토한 것은 역시 그런 것을 자각한 태도라 하겠다. 그리고 이제 붓다가 금욕주의와 쾌락주의의 비판 위에 '중도'라는 실천 원리를 세운 것도 그런 길을 선택한 것으로 보인다.

중도라는 말은 이 실천 원리의 그런 유래를 잘 나타내고 있다. 그것은 문자대로 따른다면 중간의 길이라는 정도의 말이다. 쾌락주의와 금욕주의의 중간 길이라는 뜻이다. 앞에 나온 『여래소설』의 말을 빌리자면 "두 가지 극단에 친근하지 않는" 실천이라는 뜻이다. 그러기에 과거의 불교인들도 이 실천 원리를 설명하는 데서는 쾌락주의와 금욕주의 중 어느 것에도 기울지 않는 일이라고 말해 왔다. 붓다 자신의 설명을 보아도, 그 양자의 길을 비판하고 나서 극단을 피해야 한다고 가르치고 있는 데 지나지 않는다. 그 대표적인 보기가 먼저 든 『여래소설』의 설명이거니와, 또 다른 경(『소부경전』 우다나 6 : 8)에는

"금욕 생활이 바른 수행 태도라고 하는 것은 하나의 극단이다. 온갖 욕망에 과오가 없다고 하는 것도 역시 하나의 극단이다."

라고 되어 있다.

이 밖에 더 적극적이며 재미있는 것은 비구들에 대한 실제의 지도여서, 그 가장 좋은 보기가 소나(輸屢那)의 경우이다. 한 경

(『증지부경전』6 : 55 소나. 한역 동본, 『잡아함경』9 : 30 이십억이)은 그것에 대해 이런 이야기를 전해 주고 있다. 소나는 매우 열성적인 수행자여서 죽을 각오로 스승의 가르침을 받들지만, 아무리 애를 써도 자유의 경지에 이르지 못한다. 그래서 마침내는 초조해져서 도리어 미혹된 생각에 사로잡히기에 이른다.

"나는 붓다의 제자 중에서 누구에게도 지지 않을 정도로 열심히 수행했다. 그럼에도 마지막 경지에 도달되지 않음은 어인 까닭일까? 이럴 바에는 차라리 집에 돌아가는 편이 낫지 않겠는가? 집에는 충분한 재산이 있다. 어떤 행복한 생활이라도 못할 것이 없다."

경에서는 그의 마음의 움직임을 그렇게 묘사하고 있다. 그때 붓다가 그를 찾아와서 말을 건다.

"소나여, 너는 집에 있을 때 무엇을 잘했느냐?"
"대덕이시여, 저는 거문고를 약간 뜯을 줄 알았습니다."
"그러면 잘 알고 있으리라. 소나여, 거문고 줄을 너무 팽팽하게 죄면 뜯기에 좋더냐?"
"대덕이시여, 너무 죄면 적당하지 않습니다."
"그러면 소나여, 느슨하게 하면 어떻더냐?"
"대덕이시여, 그것도 좋지 않습니다."
"소나여, 네 말이 옳다. 거문고를 뜯는 데조차 줄이 적절하게 죄어 있지 않으면 아름다운 소리를 낼 수 없지 않으냐. 이 도(道)의 실천도 역시 마찬가지이니라. 욕망에 사로잡히는 것이나, 자진해서 고행에 열중하는 것이나, 어느 것도 적당하지 못하다. 너무 괴로움을 겪으면 마음이 평정할 수 없으며, 지나치게 긴장을 풀면 또한 게을러진다. 소냐여, 너는 중(中)을 취해야 하느니라."

거기에는 '중도'라는 이 원리의 적극적인 뜻이 잘 나타나 있다. 그것은 극단을 떠나 중도에 처하는 그때에 바른 실천이 성립한다는 것이다. 그것을 한마디로 말하면 "중(中)은 정(正)이다."라고 할 수 있으리라. 그리고 거기에 중도의 원리가 '팔정도'로서 전개되는 논리적 관계가 있는 것이다.

중간이 최고이다

여기서 또 하나, 약간 익살스럽기조차 한 한 경(『상응부경전』 3 : 12 五王. 한역 동본, 『잡아함경』 42 : 5 諸王)의 기록을 소개해 두고 싶다. 그것은 경의 이름이 시사하듯이, 회식 석상에서 벌어진 여러 왕들의 한담에서 시작된다. 그 회식이란 코살라의 왕 파세나디가 베푼 연회인데, 거기에 모인 왕들은 산해 진미를 마음껏 먹고 미인들의 시중을 받으면서 환락을 누린다. 그러다가 누가 말을 꺼냈는지

"이 세상에서 제일 즐거운 것은 무엇일까?"

라는 화제로 열심히 논하게 된다.

어느 왕은 색(色)이 욕애(慾愛)의 제일이라고 한다. 아름다운 것을 보는 일이 가장 즐겁다는 것이다. 어느 왕은 성(聲)이 욕애의 제일이라고 말한다. 이 왕은 음악 애호가일는지도 모른다. 다른 왕들도 향(香)이 욕애의 제일이라느니, 미(味)가 욕애의 제일이라느니, 촉(觸)이 욕애의 제일이라느니 하며 저마다 주장한다. 이 마지막 왕은 여색(女色)을 무엇보다도 사랑하는 사람일 것이다. 이런 문제는 사람마다 의견이 다를 수 있고 어느 것이 옳고 그른지를 판단하기가 곤란할 수밖에 없다. 한동안 떠들썩하던 그들은 결국 붓다를 찾아가서 물어 보기로 타협한다.

왕들이 나타나서 저마다 자기 주장을 펼치는 것을 들은 붓다는 딱 잘라서 말씀한다.

"나는 마음에 어울리는 알맞음이야말로 욕애 중 제일이라 생각하오."

그것으로 모든 것이 판결 난 셈이다. 아무리 맛있는 음식이라도 지나치게 많이 먹으면 맛이 없어진다. 알맞음이 제일이라는 말을 듣고는 누구도 이의를 제기하지 못한다. 그때 왕들이 대번에 설득되는 광경을 보고 있던 한 우바새(재가 신자) 시인이 갑자기 자리에서 몸을 일으켜, 붓다 앞에 나아가 게(偈)를 노래한다.

아으, 향기로운 분홍빛 연이
아침에 벌어 향기 아직 사라지지 않도다.
보라, 붓다의 찬란히 빛나심을
중천에 걸린 해, 그와도 같아라.

한 그리스 사상가는 "중간은 정상이다."라는 말을 남겼거니와, 이제 여기서 붓다는 알맞은 것이 제일이라고 판결하여 왕들을 설득한 것이다. 그것 또한 중간이 최고라고 보는 태도라 하겠다. 거기에서도 우리는 중도의 적극적인 뜻을 발견할 수가 있다.

이렇게 생각할 때, 중도라는 원칙은 이론적인 색채보다는 오히려 경험적인 색채가 농후한 듯이 생각된다. 앞에 나온 두 가지 극단적인 실천적 입장에 대한 비판은 붓다의 체험을 근거로 한 것이다. 또 '중도'야말로 정당한 입장이며 최고의 길이라고 하는 붓다의 견해도 어디까지나 인간의 경험을 밑받침으로 하여 설해진 것이다. 그러면 그것은 처음부터 끝까지 경험적인 원칙에 그치고, 이론적인 기초는 전혀 없는 것일까?

그것에 대해 내가 말할 수 있는 것은 다음과 같은 사실이다. 초기 경전에 나타나는 한에서는, 앞에 나온 두 가지 극단적인 실천적 입장에 대한 비판 외에 붓다가 중도에 관해 이론적 설명을 시도한 흔적은 없다. 이미 말한 것처럼, 전도자로서 일어난 이후의 붓다는 이론적인 세계에 깊이 언급하는 일이 드물다. 그것은 저 신사파(申恕) 숲에서 "내가 설하지 않은 것은 이 숲의 잎처럼 많고, 내가 설한 것은 내 손바닥에 놓인 잎처럼 적다."고 한 그 말씀에도 잘 나타난다. 더욱이 중도와 같은 실천적 원칙을 이론의 영역에까지 끌어들여서, 그 근거가 된 사상을 이야기한다는 것은 조금도 필요가 없을지도 모른다.

그러나 현대인은 그 시대의 사람들보다는 훨씬 이론적이다. 만약 한 현대인을 그 시대에 있게 하여 중도의 이론적 근거를 묻도록 한다면, 붓다는 대체 무엇이라고 대답할까? 나도 현대인의 한 사람이어서 그런지 가끔 그런 일을 생각해 보는 적이 있다. 그리고 만약 붓다가 그 물음에 대답한다면—이 분은 흔히 침묵한 채 대답하지 않는 일도 있으니까 대답할지 어떨지는 모르지만—그것은 필시 저 상대주의의 존재론, 즉 연기의 법칙일 것임에 틀림없다고 나는 생각한다. 왜냐하면 연기의 법칙이야말로 중도의 이론적 기초로서 어느 것보다도 어울리는 까닭이다. 무릇 금욕주의란 하나의 고정적인 입장이며, 쾌락주의 또한 그런 것임이 확실하다. 그러나 중도의 입장은 그 중간에 있어서 고정적인 어느 한 점을 지키려는 태도는 아니다. 아리스토텔레스—그도 역시 윤리학에서 '중'을 주장한다—의 말을 빌리자면 "중이란 수학적 중점(中點)이 아니다." 그것은 밸런스가 집힌 욕망의 처리 방식이다. 줄이 알맞게 죄여서 미묘한 제 소리를 낼 수 있는 거문고와도 같은 실천의 양상, 그것이 중도이다.

성스러운 팔지(八支)의 도(道)

이 중도의 원칙을 다시 구체화한 것을 '성스러운 팔지의 도

(ariyoaṭṭhaṅgiko maggo)'라고 한다. 흔히 말하는 팔정도(八正道)가 그것이다. 정견(正見)·정사(正思)·정어(正語)·정업(正業)·정명(正命)·정정진(正精進)·정념(正念)·정정(正定)이 그것이다. 그것들이 모두 '정(正)'이라고 불리는 것은 '중도'의 원칙에 순종할 것이 요청되기 때문에, '중(中)'은 곧 '정(正)'이기 때문이다.

중도가 여기에서 여덟 가지 실천 항목으로서 나열된 것은 아마도 그것에 의해 인간 생활의 모든 분야를 뒤덮고자 하기 때문이리라. 그것들을 나는 다음과 같은 네 종류로 나누어 생각하고 싶다.

1) 바르게 봄 — 정견
2) 바른 행위 — 정사·정어·정업
3) 바른 직업 — 정명
4) 바른 수행 — 정정진·정념·정정

그런데 여기서 '정'이라 함은 곧 '중'이므로, 거기서 요청되고 있는 것은 그 행위이거나 수행이거나 극히 평범해서 남의 이목을 놀라게 할 만한 구석은 전혀 없다. 놀랄 만한 고행도 없고 눈이 휘둥그래져서 바라볼 만한 기적도 없다. 그러기에 붓다의 제자들도 일찍이 붓다가 다섯 비구에 의해 비난받듯이, 사치스럽다고 빈축을 산 일까지 있다. 인간의 성질 속에는 무엇인가 극단적인 것을 생각하고 행함으로써 그곳에서 즐거움을 찾고자 하는 경향이 있는 듯이 생각된다. 그런 인간의 경향에 대해서는 붓다가 설하는 실천이 충분한 만족을 줄 수 없음은 의심할 여지가 없다. 그러나 붓다가 설한 실천의 특징은 거기에 있으며, 거기에야말로 끝없는 진미가 있다. 후세 불교인들의 말에 "평상심(平常心)이 곧 진(眞)이다."라거나 "불교에는 불가사의가 없다."고 한 것도 바로 그런 점을 가리킨다고 할 수 있다. 대저 밸런스가 잡힌 생활이란 극히 평범하며, 밸런스가 취해진 욕망 처리란 가장 범상할 것임은 당연한 일이다. 그 평범 속에 깃들인 진미를 맛볼 수 있어야만 중도의 원칙이 뜻하는 바가 비로소 체득될 터이다.

인간은 비기(悲器)
자비

한 사람의 길이 아니다

붓다의 길은 인간 형성의 길이다. 지금까지 내가 서술해 온 것도 그 사상 체계이든 실천의 요목이든 모두가 자기 형성의 길에 연관되지 않은 것이 없다. 붓다가 그 제자들을 위해 설한 것도 역시 그러하다. 그들에게는 먼저 가르침의 도리를 잘 이해할 것이 요구된다. 그러고는 그런 이해에 따라 수행함으로써, 열반의 경지를 실현하도록 인도된다. 그것이 자기 형성의 길임은 명백하다고 하겠다. 앞에 든 『법구경』의 한 게(偈)를 다시 인용하면,

> 자기의 의지처는 자기뿐이니
> 그 밖의 어느 것을 의지하리오.

자기가 잘 제어될 그때,
얻기 어려운 의지처 얻으리.

라고 되어 있다. 붓다의 길이 자기 형성의 길이라는 것은 의심할 여지가 없다.

그런 붓다의 길의 기본적 성격 때문에 당시에 붓다의 가르침을 평하여, 한 사람을 위한 행복을 닦는 길이라고 규정하려 한 이가 있었다고 해서 조금도 이상한 일은 아닐 것이다. 한 경(『증지부경전』 3 : 60 상가라. 한역 동본, 『중아함경』 143 상가라경)에 의하면, 붓다가 제타(祇陀) 숲의 정사에 있을 때 상가라바(傷歌邏)라는 바라문이 찾아와서 붓다에게 묻는다.

"우리 바라문은 신 앞에 제사를 지내고 희생을 드려서, 자기를 위해서도 타인을 위해서도, 재앙을 쫓고 복을 불러 오는 길을 닦는다. 그런데 붓다의 제자들이 출가해서 하는 행위를 보건대, 자기를 제어하고, 자기를 확립하며, 자기의 괴로움을 없애는 일에만 전념하고 있는 듯이 느껴진다. 그것은 자기 한 사람을 위한 행복의 길을 닦는 것이 아닌가?"

나는 이 바라문의 힐문적 질의에 깊은 흥미를 갖게 된다. 왜냐하면 그가 말한 것은 결코 터무니 없는 고발로는 생각되지 않기 때문이다.

다시 생각해 보건대, 이윽고 불교 자체의 역사 속에서 큰 논쟁을 불러일으킨 것도 바로 이런 문제였음을 알 수 있다. 저 '대승'이라고 자칭하는 새로운 세력과 그들에 의해 '소승'이라고 비판당한 전통적인 세력 사이에 벌어진 긴 논쟁이 그것이다. 그것은 불교 역사상 가장 큰 문제의 하나이므로 다음 대목에서 충분히 논해 보고자 하거니와, 지금은 다만 붓다 당시에도 그런 문제가 제기되었음을 주의해 두고자 하는 것이다.

그러면 그 바라문의 물음에 대해 붓다는 어떻게 말할까?

"바라문이여, 나는 그대에게 묻고 싶다. 생각대로 대답하라."

그것은 붓다가 즐겨 쓰곤 하던 반대 질문의 수법이다.

"바라문이여, 그대는 이것을 어떻게 생각하는가? 이 세상에 여래·정각자가 나타나서 이렇게 설했다 하자. 이것이 길이다. 이것이 실천이다. 나는 이 길을 가고 이 실천을 닦음으로써 번뇌가 이미 다하고, 자유(해탈)를 얻을 수 있었다. 너희도 이리 와서, 함께 이 길을 가고 이 실천을 닦음으로써 번뇌를 없애고 자유를 얻어라. 이와 같이 여러 정각자가 법을 설한 결과, 여러 사람이 이 길을 따르게 되어 자유를 얻은 사람이 수백·수천·수만에 이르렀다면, 바라문이여, 그대는 이를 어떻게 생각하는가?

이와 같이 되어도 역시 이 길은 한 사람만을 위한 행복의 길이겠는가, 그렇잖으면 많은 사람을 위한 행복의 길이겠는가?"

"고타마여, 그렇다면 출가의 행위 또한 많은 사람을 위한 행복의 길이라 하지 않을 수 없습니다."

이리하여 그 바라문은 대번에 설득되고 만다.

그럼에도 불구하고 붓다가 말씀한 자기 형성의 길은 여전히 자기를 위한 길임에 틀림없다. 그것은 명백히 혼자서 가는 길이다. 다만 인간 세계의 미묘한 구조가 이 '혼자의 길'로 끝나게 하지 않는 것뿐이다. 그것은 앞에서 말한 바, 붓다가 설법을 결의하기까지에 이른 경위를 잘 나타내고 있다. 그것을 이제 좀 각도를 달리해서 분석해 보고자 한다.

인간은 사회적 동물이다

붓다는 오랜 탐구 끝에 마침내 보리수 밑에서 정각을 성취하기에 이른다. 사문 고타마가 '붓다(깨달은 사람)'가 된 것이다. 사유하는 인간으로서의 즐거움이 그의 가슴을 채운다. 그런데 이윽고 그의 가슴속에는 이상스런 불안이 생겨난다. 다만 자기 혼자서 이 새로운 내증(內證 : 내적 체험)을 지니고 있는 것이 쓸쓸하고 또 불안한 것이다. 나는 앞에서 그것을 '정각자의 고독'이라고 부른 바 있다. 그리고 설법이라는 새 과제가 거기에서부터 생겨난다고 말했다. 그리하여 붓다가 설법자로서 일어나기까지의 과정을 '권청'이라는 경에 의거하여 꽤 상세히 보인 바 있다.

그러면 약간 각도를 달리해서, 혼자서 새로운 사상을 지니고 있는 것이 왜 불안할까, 또는 그것이 어째서 설법으로 옮아가야만 할까, 이런 문제를 생각해 보자. 결국 인간은 이 세상에서 혼자서는 살 수 없다는 사실에까지 귀착하지 않을 수 없는 것 같다. 아리스토텔레스의 말을 빌리면 인간은 사회적 동물이기 때문이라고 해야 되리라. 먼 곳에서 그 증거를 찾을 것도 없이 우리가 쓰고 있는 '인간(人間)'이라는 용어 자체가 그런 사실을 웅변으로 말해 준다. 그것은 본디 사람들의 사이, 즉 인간 사회를 가리키는 말이다. 그것이 어느 사이엔가 '사람'이라는 뜻으로 바뀐 데에는, 사람이란 사회성을 벗어날 수 없다는 숙명이 반영되어 있지 않을까?

어쨌든 인간은 혼자서 살아갈 수는 없다. 물질적으로도 그렇지만 정신 면에서도 그렇다. 붓다가 깨달은 내용이 아무리 뛰어난 것이라 하더라도, 아무도 이해하고 받아들이는 사람이 없다고 한다면, 그것을 사상이라고 부를 수는 없다. 정신의 영역에서도 인간은 사회적 동물인 까닭이다. 그리고 인간이 그런 존재인 한, 철두 철미한 혼자만의 길이란 있을 수 없는 것이다.

한 경(『상응부경전』 4 : 24 칠년. 한역 동본, 『잡아함경』 39 : 12 마녀)은 앞에 나온 '권청'이라는 이름의 경전이 말하고 있는 이면의 심리를 악마 이야기의 수법을 써서 이렇게 묘사한다.

불사(不死)·안온(安穩)에 이르는 길을
네가 진정 깨달았으면

가라, 너 혼자 멀리 떠나거라.
어이해 남에게 설하려는가.

이것이 악마의 게이다.

피안(彼岸)에
이르고자 바란 나머지
불사에 이르는 길 묻는 이 있기에
나는 즐거이 그들을 위해
완전한 열반을 설하려노라.

이것은 붓다의 대답이다.

그때 붓다가 설법에 대해 부정 쪽으로 기울었음을 우리는 알고 있다. 그것이 여기서는 악마의 게가 되어 나온다. 악마는 "네가 깨달은 것을 너 혼자 지니고 있으면 되지 않느냐."고 말을 건다. 자기 하나만을 위한 길의 논리란 그런 것이리라. 하지만 붓다 역시 인간 사회의 일원인 까닭에 아무래도 그렇게 할 수는 없다.

그래서 붓다는 대답한다. "나에게 길을 묻는 이가 있는 한, 나는 길을 일러 주어야 한다."고.

재미있는 것은 이윽고 전도의 선언에서 처음으로 "많은 사람의 이익과 행복을 위하여"라는 말이 나타난다는 사실이다. 앞에서도 말한 바와 같이, 이 사람은 결코 후세의 불교인들이 말하듯이, 중생 제도를 위해 출가한 것은 아니다. 그 출가의 목적은 어디까지나 자기의 과제를 해결하고자 하는 데 있다. 그리하여 그는 오랫동안 혼자의 길을 걸어간 것이다. 그런 붓다지만 어쩔 수 없이 마침내는 법을 설하게 되고, 여기에 이르러

"자, 전도를 떠나라. 많은 사람의 이익과 행복을 위하여. 세상을 불쌍히 여기고, 모든 사람의 이익과 행복과 안락을 위하여."

라고 선언하게 된다. 그것은 얼른 보기에 모순으로 느껴질지도 모른다. 그러나 인간 존재의 기미(機微)를 잘 살펴본다면, 이 전환은 조금도 이상스럽지 않을 터이다.

이성의 작용

여기서 내가 가장 좋아하는 한 경(『상응부경전』 3 : 8 末利)이 말하는 내용을 소개하지 않을 수 없다. 그것은 코살라의 왕 파세나디와 그 왕비인 마리카(末利)가 대궐의 다락에서 대화를 하면서 시작된다.

두 사람은 높은 다락에 앉아 광대한 조망을 즐기면서, 이 세상에서 가장 사랑스러운 것은 무엇이냐고 하는 논제를 두고 이야기를 주고 받는다. 결론은 인간에게 가장 사랑스러운 것은 자기 자신일 것이라는 데에 이른다.

그래서 왕은 제타 숲으로 붓다를 찾아가 그 판단을 청한다. 붓다는 그 결론에 깊이 공감하면서 그들을 위해 게(偈)를 설한다.

사람의 생각은 어디에도 갈 수 있다.
그러나 어디에 가든, 자기보다 더 사랑스러운 것을 발견하지는 못한다.
그와 같이 다른 사람들에게도 자기는 더 없이 소중하다.
그러기에 자기가 사랑스러움을 아는 사람은 남을 해쳐서는 안 된다.

생각건대 왕과 왕비의 결론에는 틀림이 없다. 저 고대의 두 사람이 이런 결론을 끌어낸 것만 해도 신기하기조차 하다. 거기에는 무엇보다 에고(자아)의 진상이 파악되어 있다. 이 사실을 무시한 사상이라면, 인간 관계의 원리가 될 수 없다고까지 말해도 되리라. 붓다가 깊이 공감을 표시한 것도 이 때문일 터이다. 그런데 붓다는 그것을 인정하는 데 그치지 않고 거기에 말을 덧붙인다. 그것은 "그와 같이 다른 사람들에게도 자기는 더 없이 소중하다."는 사실의 인식과 "그렇기 때문에 자기가 사랑스러운 존재임을 아는 사람은 남을 해쳐서는 안 된다."는 당위(當爲)의 요청이다.

그것은 별로 신기한 일도 아니고, 그쯤 생각하기란 그리 어렵지도 않을 것임에 틀림없다. 왜냐하면 그것은 누구의 마음에도 있을 수 있는 일이기 때문이다. '나는 이런 경우 땅이 꺼지는 듯이 슬펐다. 그 체험으로 미루어 보아, 지금 저 사람도 몹시나 슬프리라.'고 생각한다는 것은 누구나 경험한 적이 있을 터이다. 인간의 마음에는 원래부터 그와 같이 자기와 남의 입장을 바꾸어 놓고 생각할 수 있는 능력이 갖추어져 있다. 그것은 이성의 작용의 하나이리라.

이성이라고 하면 왠지 차가운 느낌이 든다. 그것은 아마도 이성의 작용에는 무엇인지 우리를 밀쳐 버리는 성질이 있기 때문일 것이다. 그리고 붓다가 말씀하는 '이(離, viveka)'라는 것은 그 이성의 작용임에 틀림없다. 이를테면 우리의 일상 생활은 애욕의 소용돌이 속에 있다. 그때 이 소용돌이를 밀쳐 버리고 제삼자의 눈으로 자기를 응시하는 것, 붓다가 '이탐(離貪, virāga)'이라고 말씀한 것은 바로 그것일 터이다. 그럴 경우 그 눈은 지성적으로 맑아져 있어서, 일종의 차가움을 띠고 있을 것이다. 그러나 자기의 구제는 그 차가움에서 생겨난다고 할 수 있다.

우리의 일상 생활은 자타의 대립 속에 놓여 있다. 에고가 그 속에서 자기 주장을 계속하지만, 이성은 그 대립을 밀쳐 버리고 냉정히 자아를 바라볼 수 있다. 그 눈초리도 또한 차가울 것이며, 그 차가움으로부터 인류의 구원이 생겨난다고 보아도 좋을 것이다.

"별의 세계에서 지상의 사물을 관찰하자."고 프랑스의 한 학자는 말한다. 그의 이름은 르낭(Renan)인데 『예수전(*vie de Jésus*)』의 필자다. 그에 앞서 그는 예수를 "비할 데 없을 정도로 위대한 사람"이라고 말했다가 교단으로부터 추방당한다. 인습에 사로잡히고 애증(愛憎)이 들끓는 곳을 떠나 별의 세계에서 지상의 사물을 관찰하고 싶다는 그 학자의 심정을 나는 충분히 이해할 수 있을 듯하다. 선종(禪宗) 사람들은 '냉담의 가풍'을 중요시한다. 깊이 있는 진리 파악은 애증과 대립의 와중에서는 성립하지 않기 때문이다. 그리고 이제 붓다는 여기서 고요히 자기와 남의 입장을 바꾸어 생각할 것을 왕과 왕비에게 요구한다. 그것도 냉정한 이성의 작용이어야 함은 말할 나위가 없다. 그러나 거기에서만 비로소 진정으로 따스한 인간 관계가 생겨나는 것이다.

인간의 슬픔

붓다가 말한 덕목 중에서 가장 중요한 것은 '불해(不害)'와 '자비'이다.

'불해'는 이제까지 '불살생(不殺生)'이라 번역되어 왔다. 그 원어인 'ahiṃsā'는 상해 또는 살생의 뜻인 'hiṃsā'에 부정사 a를 덧붙인 말이다. 그래서인지 이 덕목은 소극적인 느낌을 풍긴다. 나도 일찍이 그런 생각을 지닌 적이 있다. 그러나 차차 불교가 가진 인간 관계에 대한 덕목 중에서 가장 기본적인 것이 역시 이 덕목임을 깨닫게 되었다.

앞에서도 말한 바와 같이, 불교에서의 인간 관계의 사고 방식은 이성 작용에 의한 자타(自他)의 입장 전환을 기본으로 삼는다. 자기가 자기에게 더 없이 사랑스럽듯이, 남도 마찬가지로 스스로를 무엇보다도 소중하게 여긴다. 이 사실의 인식을 밑받침으로 하여 '불행'의 당위가 생겨나는 것이다. 인간에게는 여러 가지 소원이 있다. 생활이 풍족해졌으면 하는 것도 우리의 소망이다. 이름이 널리 알려지기를 바라기도 한다. 세상이 평화롭기를 기원하기도 한다. 그러나 어느 소원을 가지고도 내 생명과는 바꿀 수 없는 것이 인간이다. 산다는 것이 인간의 기본적인 소원이며, 죽고 싶지 않다는 것이 인간의 비원인 것이다. 사람의 마음은 어디에라도 달려갈 수 있다. 그러나 어디로 가 보든 자기보다 소중한 것은 없다. 이런 생각을 밀고 나가면 결국은 살고 싶다는, 그리고 죽고 싶지 않다는 비원에 도달하게 될 것이다. 그리하여 이성이 이 비원을 전환시켜 남의 처지에 적용시킬 때, 그것이 '불행'이다.

그러므로 "자기가 사랑스러운 것을 아는 사람은 남을 해쳐서는 안 되는" 것이다. 붓다의 이 평범한 말씀에는 그런 중대한 뜻이 담겨 있음을 알게 된다.

'자비(mettā)'란 그 어원을 캐어 보면, 벗이라는 뜻인 'mitta'에서 온 것임을 알 수 있다. 그것이 다시 추상화되어서 'mettā(우정)'가 되고, 그것이 그대로 '자(慈)'의 뜻을 지니기에 이른다. 어쩌면 이 말은 '사랑'이라고 번역하는 것이 좋을지도 모른다. 그러나 그 사랑은 말할 것도 없이 동물적인 사랑과 구별되어야 하고, 또 혈연 사이에 보이는 그것과도 다른 것이어야 한다. 그 점에서 나는 '산상 수훈'에서 예수가

"너희가 너희를 사랑하는 이를 사랑하면 무슨 상이 있으리

오. 세리도 이같이 아니 하느냐. 또 너희가 형제에게만 문안하면 남보다 더하는 것이 무엇이냐. 이방인들도 이같이 아니 하느냐."

고 말씀한 대목을 연상한다. 거기서 예수가 이야기한 것은 보편적인 사랑이다. 사랑의 전인류적인 확대이다. 그것을 예수는 신의 사랑을 본받음으로써 실현하라고 가르친다. 그것과 마찬가지로 붓다가 '자(慈)' 한 글자를 가지고 가리키는 것 역시 보편적 사랑에 대한 요청이며, 사랑의 전인류적인 확대임에 틀림없다. 다만 다른 것은 그 실현의 방법에 있다. 여기서는 물론 신의 보편적인 사랑을 본받으라고 설할 수는 없다. 붓다가 말씀한 사랑의 전인류적 확대의 과정은 어디까지나 인간적인 그것임을 특징으로 한다. '자(慈)'라는 한 글자―그것은 본디 우정을 뜻한다―가 그 특징을 잘 나타내고 있다.

이미 말한 바와 같이 붓다의 길(道)은 먼저 자기에게 전념하고, 자기의 내부 깊은 곳에 침잠하는 일에서부터 시작된다. 그것은 얼른 보기에 인간 세계로부터 등을 돌리는 것처럼 생각될지도 모른다. 그러나 매우 역설적인 말이기는 해도, 사람은 자기 내부 깊은 곳으로 침잠할 때 비로소 남에게 깊은 애정을 쏟을 수 있게 된다. 좀 구체적으로 말한다면, 자기라는 인간 존재의 진상을 통찰하여 그것에 눈물을 뿌릴 수 있는 사람이라야만, 비로소 남을 위해서도 울 수 있는 사람이 되는 것이다. 불교 용어에서 '동고(同苦)'라 하고 '동비(同悲)'라 하는 것도 그것을 말함이리

라. 또는 '자(慈)'라는 글자에 다시 '비(悲)'를 추가하여, '자비'라는 말을 강조하는 것도 그 때문이라 여겨진다.

생각건대 불교의 보편적 사랑의 개념은 이 '비(悲)'라는 한 글자에서 가장 뚜렷한 특색을 드러낸다고 할 것이다. '비'는 karuṇā의 역어이거니와, 그것은 본래 '신음'을 뜻하는 말이다. 신음이란 인간의 슬픔의 표현이다. 그 신음을 듣고 '아, 그도 역시 인간으로서의 괴로움을 걸머지고 있구나.' 하고 공감하는 것, 그것이 '비'의 정신이다. 중국의 주석가가 "측창(惻愴)을 비(悲)라 한다."고 말한 것은 훌륭한 해석이라고 아니할 수 없다. 또 어떤 불교인이 인간을 일컬어 '비(悲)의 그릇'이라고 한 것도 탁월한 견해라고 여겨진다. 사람은 기쁠 때보다 슬픔 속에서야말로 진정한 공감을 나눌 수 있는 존재인 까닭이다. 이 슬픔을 통하여 인간의 내부 깊은 곳으로부터 살아 있는 모든 생명에게 번져가는 전인류적 사랑, 그것이 불교에서의 보편적 사랑, 즉 자비임에 틀림없다.

4. 불교의 역사

이단(異端)의 역사
불교 역사의 기본적 성격

역사 문제의 등장

 지금까지 나는 주로 붓다가 설한 바를 해설하여 이미 책의 반을 넘겼다. 불교를 이해하기 위해서는 먼저 그 근본이 되는 붓다의 사상을 명확히 파악해야 된다고 생각했기 때문이다. 초기의 제자들은 붓다로부터 질문을 받고 대답할 수 없는 경우, 늘 다음과 같은 말로 스승의 가르침을 청한다.

> "대덕이시여, 우리의 법은 세존을 근본으로 하고, 세존을 안목(眼目)으로 하고, 세존을 의지처로 하나이다. 원컨대 우리를 위하여 그것을 설하시옵소서."

오늘날 우리는 이런 말로써 직접 붓다의 가르침을 받을 수는 없되, 그런 정신만은 우리의 것이어야 하리라. 우리는 끊임없이 초기 경전을 뒤적임으로써 붓다는 이것에 대해 무엇이라 하실까, 또는 이 문제에 대해 어떻게 보실까 하고 물어야 된다. 거기에 불교의 근본이 있고, 안목이 있고, 의지처가 있다고 확신하기 때문이다. 그런 뜻에서 우리는 이른바 근본 불교의 입장에 서는 사람들이다.

그런데 이런 근본 불교의 입장은 일본의 불교에는 아주 새로운 입장이다. 이상한 일이지만 일본에서는 아주 최근에 이르기까지 불교라고 하면 모두가 종조(宗祖)의 불교였다. 그것은 호넨(法然)의 불교이고, 신란(新鸞)의 불교이고, 도겐(道元)의 불교이고, 니치렌(日蓮)의 불교이다. 그리고 그것들의 근원을 이루는 붓다의 가르침이 그 명석한 전모를 나타낸 것은 메이지(明治) 중엽, 근대의 불교 연구가 시작된 이후의 일이다. 그런 뜻에서 나는 현대의 불교 연구에서의 '새 술'은 붓다 그 분의 가르침이라고 하고 싶다. 매우 역설적으로 들릴지 모르나, 여기에서는 가장 낡은 것이 가장 새로운 것이다. 그리고 이 '새 술'을 중심으로 하는 불교 이해를 근본 불교주의라고 부르는 것이다.

그런데 이제 그 근원에 서서 멀리 그 물이 흘러간 쪽을 바라보면, 거기에는 생각도 못 미칠 만큼 광대하고 또 화려한 광경이 펼쳐지는데, 그것이 불교의 역사적 전개의 전모이다. 이상한 일이지만 종래의 불교인들은 그 전모를 알지 못했다. 왜냐하면 그들은 저마다 그 지류에 서 있었기 때문이다. 호넨의 입장에 서고, 신란의 입장에 서고, 도겐의 입장에 서고, 또는 니치렌의 입장에 서 있는 한, 불교의 역사적 전개의 전모가 그 시야에 그대로 들어올 리가 없는 까닭이다.

그런데 이제 우리는 근본 불교주의의 입장에 서 있다. 이런 입장에서만 그 역사적 전개의 전모는 우리 앞에 그 모습을 드러내 보일 것이다. 이리하여 불교의 역사적 문제가 비로소 그 본래의 뜻에서 제기되기에 이른다.

그러면 먼저 불교 역사의 기본적 성격에 대해 말해 두고 싶다. 그것이 이 대목에 주어진 과제이다.

불교의 역사는 이단의 역사

불교 역사의 기본적 성격을 논하기 위해서, 나는 '이단'이라는 개념을 채택해 보고자 한다. 그런 문제 제기를 시사하는 것은 기독교의 역사이다. 기독교의 역사는 이단을 색출한 역사이며, 이단을 추방한 역사이다. 그것에 비길 때 불교의 역사는 그 양상을 달리한다. 대체 불교에는 이단이라는 사고 방식이 있는 것일까? 거기에는 무엇인가 불교 역사의 기본적 성격을 푸는 비밀 열쇠가 있지 않을까? 나는 그렇게 생각한다.

따지고 보면 불교의 역사에서도 이단이라는 생각이 전혀 없던 것은 아니다. 저 『탄이초(歎異抄)』는 의심할 것도 없이 이단을 개탄하는 책이다. 또는 『대승비불설론(大乘非佛說論)』은 대승 경전을 부처님이 설한 바가 아니라고 보는 것이어서, 그런 논란은 멀리는 대승 불교가 생겨날 때에 벌어지고, 가까이는 메이지 시대에 불교 연구의 문제점의 하나가 된다. 그것과 관련하여 무라카미(村上專精)라는 학자는 이단이라 규탄을 받아 교단에서 추방되기까지 한다. 하지만 그런 보기는 불교 역사 전체에서 볼 때 아주 드문 일에 속한다. 그렇다고 하여 불교에 이단이 별로 없었다고 하는 것은 아니다. 아니 사실은 이단 투성이라고 해야 하리라. 다만 그것을 대하는 태도가 기독교의 경우와는 판이하다는 것뿐이다.

붓다가 돌아가시고 나서 백 년쯤 지나서의 일이다. 갠지스 강 중류의 북쪽에 위치한 베사리(毘舍利)라는 도시에 있던 비구들이 열 가지 조목에 걸친 새로운 사항을 주장한다. 그것들은 모두 계율에 관한 것들이다. 식사 시간이나 탁발의 범절 따위를 완화하도록 요구한 지엽적인 것들 속에, 오직 한 가지 보시(布施)에서 돈을 주고받을 수 있도록 해달라는 중대한 주장이 포함되어 있다. 화폐 경제의 발달에 적응할 것을 요구한 것이라고 볼 수 있다. 장로급의 비구들은 '제2 결집'이라고 일컬어지는 회의를 열고, 그 주장들을 모두 비법이라 하여 물리친다. 그러나 베사리의 비구들은 그것에 복종하지 않고, 다시 다수의 동지를 규합하여 다른 회의(그것을 대합송이라 한다)를 열어 장로들과 결별하고 만다. 이것이 불교에서 일어난 분파(分派)의 시작이다. 그때 분립한 것이 대중부(大衆部, Mahāsṃghika)라 하여, 초기 불교 교단(부파 불교라 한다)의 진보파를 형성하기에 이른다.

이른바 대승 불교(Mahāyāna)는 이 대중부의 계보 속에서 생겨난 것이라고 여겨진다. 그들이 주장하는 내용은 명백히 붓다의 사상을 그대로 고수해 가려는 정통파에 대한 비판적 견해로 차 있다. 먼저 자기 형성을 위해 전념할 것을 설한 붓다의 가르침에 대해, 대중의 구제가 선행되어야 한다고 주장한 이들이 그들이다. 또 붓다가 많이 쓴 분석적 방법을 고수하는 정통파에 대해, 그들은 직관적 방법이야말로 중요시되어야 한다고 주장한다. 그들은 붓다 그 분까지는 비판하지 못하지만, 열반의 경지에 안주(安住)하는 성자의 이상(그것이 arahant, 阿羅漢·나한·應供이라 번역된다)을 비난하고, 보살(bodhisatta)이라고 불리는 새로운 불교의 이상상(理想像)을 내세운다. 또 새로운 이상을 주장하기 위해서, 그들은 붓다나 그 제자들이 전혀 알지 못하는 새로운 경전들을 많이 만들어 낸다. 그것들이 이른바 대승 경전이다. 정통파의 입장에서 이런 사실들을 바라본다면, 그들의 주장은 의심할 여지도 없이 이단으로 비칠 것이다. 그럼에도 불구하고 그들은 결코 불교 교단으로부터 추방되지 않는다. 그뿐만 아니라 불교의 새로운 생명이 거기에서부터 끝없이 흘러나왔다고 하는 것이 많은 불교인들의 견해이다. 이 또한 불교 역사의 엄연한 사실이다.

이러한 역사의 전개는 그 뒤에도 끊임없이 불교사 속에서 반복된다. 이를테면 선종(禪宗)이라고 불리는 대표적인 중국 불교의 탄생도 역시 그러하다. 그들의 주장은 '교외 별전(敎外別傳)'이라고 표현된다. 교(敎)란 결국 경전을 말한다. 중국의 역경승들은 장구한 시일에 걸쳐 경전 번역에 종사한다. 그리하여 그들의 눈앞에는 방대한 양의 한역 경전이 쌓이게 된다. 그런데 그들은 그것들을 가리키면서, 거기에는 진짜 불교는 전해 있지 않다고 선언한다. 진정한 붓다의 정신은 다른 곳에서 별도의 방법으로 전해졌으며, 이심전심(以心傳心) 즉 마음에서 마음으로 전해 내려왔다고 말한 것이다.

그리하여 이들은 장기간에 걸친 역경승들의 노고의 결정을 내던져 버리고, 지관타좌(只管打坐) 즉 좌선에만 열중하는 길을 선택한다. 그들은 '염화미소(拈華微笑)'[1])의 고사를 들어 그것이 붓다로부터의 전통적인 계승임을 주장한다.

그러나 그 근거라고 하는 『대범천왕문불결의경(大梵天王問佛決疑經)』은 위경(僞經)이 틀림없어서 대장경 속에는 들어 있지 않다. 하지만 '교외 별전'임을 내세우는 그들에게는 그런 것쯤은 문제도 되지 않을 것이다. 그들의 의도는 결연한 전통 부정에 있던 바이니, 그리하여 새로운 중국적인 불교를 수립하기에 이른다.

이것은 물론 붓다로서는 뜻조차 하지 않던 일이며, 단적으로 말해서 이단임에 틀림없다. 그러나 거기에서부터 다시 새로운 불교 정신이 풍성하게 흘러나온 것이다.

염불 계통의 조사(祖師)들이 주장한 것도 따지고 보면 예외가 아닌 것 같다. 그들은 자기들이 사는 시대를 '말법 요계(末法澆

---

1) 어느 때, 붓다는 연꽃을 따서 대중에게 보이며 눈을 끔쩍인다. 대중은 모두 무슨 뜻인지를 몰라 멍청하니 앉아 있으나, 가섭(迦葉)만이 그 순간 빙그레 웃는다. 붓다는 말한다.
"나에게 교외 별전의 법이 있는바, 그것을 이에 가섭에게 전하노라."
선종에 의하면, 이것이 그 종파의 성립 유래라고 한다.

季)'²⁾라 하고, 스스로 반성하여 "요즘의 우리는 지혜의 눈이 멀고 수행의 다리가 절름발이인 사람들"이라고 자처한다. 그러나 이렇게 죄 많은 범부로서의 자각에 투철하던 그들은 그 근기(根機)를 중심으로 불교의 여러 학설을 검토하고 선택하기 시작한다. 그리하여 불교 전체를 성도문(聖道門)³⁾과 정토문(淨土門)⁴⁾으로 나누어 성도문을 버리고 정토문을 택했다. 다시 정토문의 수행을 정행(正行)⁵⁾과 잡행(雜行)으로 나누어, 잡행을 버리고 정행을 택한다. 이런 선택을 계속한 끝에, 마침내 모든 것을 내던지고 오직 염불 한 가지만을 지키기에 이른다. 그들의 이런 포기 작용은 자기 처지에 맞지 않기 때문이라고 변명되나, 이 또한 전통 부정의 태도임은 두말 할 나위가 없다. 그들 역시 이단인 셈이다. 그럼에도 불구하고 거기에서부터 불가사의한 신앙의 샘물이 끊임없이 흘러나온 것이다.

이렇게 관찰해 볼 때, 불교의 역사는 바로 이단의 역사인 느낌이 없지 않다. 그리고 이런 이단은 결코 추방되지 않았을 뿐 아니라, 도리어 불교에 새로운 생명을 부여해 왔음이 사실이었다.

---

2) 붓다가 돌아간 지 오래 되어서, 붓다의 가르침이 쇠퇴한 시기.
3) 정토종의 교상 판석. 이 세계에서 수행하여 성불하는 붓다의 가르침.
4) 아미타불을 믿음으로써 극락에 태어나, 거기에서 성불할 것을 가르치는 교법.
5) 정토종에서는 독송·관찰·예배·칭명(염불)·찬탄 공양을 5행이라 하는데, 이 중에서 칭명을 정행이라 하고 다른 것을 잡행이라 한다.

불교는 붓다에서 끝나지 않는다

그러면 대체 불교의 역사에 보이는 이런 사실들은 어떠한 이유에서 말미암을까? 나는 과문한 탓인지 아직 이런 사유를 밝힌 것에 대해 들은 바가 없다. 다시 말하자면 이런 역사적 사실을 지적한 사람이 있다는 말도 듣지 못했다. 그리고 이것은 어찌 보면 당연하기도 하다. 왜냐하면 불교 역사의 이런 특징이 주목되기에 이른 것은 기독교와 같은 이단 규탄의 엄한 역사를 지니는 종교가 있어서 그것과 대비함에 의해서 가능했으므로, 그 이전에는 이것이 불교사의 특성이라는 따위의 생각은 누구라도 가질 수 없었기 때문이다. 그렇다면 그 이유의 발견은 이 사실을 지적하는 나 자신이 시도할 수밖에 없는 것이겠다.

먼저 떠오르는 것은 불교는 본디 권위주의적 종교가 아니라는 사실이다. 이 교단에서는 붓다라 해도 처음으로 법(진리)을 깨달은 사람이라는 것 외에는 아무런 특별한 권능도 인정되지 않는다. 그 점에서 붓다는 예수가 하나님의 독생자요 신과 인간 사이를 잇는 중개자인 것과는 전혀 다른 존재이다. 한 경(『장부경전』 16 대열반경. 한역 동본, 『장아함경』 11 遊行經)에 의하면, 붓다는 그가 죽기 얼마 전에 시자(侍子)인 아난다(阿難)에게 다음과 같이 말한 적이 있다고 한다.

"그러면 아난다여, 교단(僧伽)은 나에게 무엇을 바란다는 것이냐? 나는 이미 안팎의 구별 없이 모두 법을 설하지 않았더냐? 아난다여, 여래의 가르침에는 어떤 것을 제자에게 숨기는 따위의 비밀스런 진리는 존재하지 않는다.

또 아난다여, 만약 내가 '나는 비구들의 지도자이다.' 라든지 '비구들은 나에게 의지해 있다.' 라고 생각한다면, 나는 내가 죽고 난 다음의 비구들의 생활에 대해 무엇인가 말하지 않을 수 없으리라.

그러나 나는 교단의 지도자라고도, 또 교단이 나에게 의지해 있다고도 생각하지 않는다. 그러므로 내가 교단에 대해 무엇을 말해야 되겠느냐?'

그것은 붓다가 장마철에 병을 얻었다가 겨우 회복했을 때의 일이다. 그 쾌유를 기뻐한 아난다는

"붓다께서는 교단 일에 대해 아무 말씀도 없으셨으므로, 안심하고 있었습니다."

라고 말한다. 그것은 법사(法嗣) 즉 교단의 지도자에 대해 유언이 없었으니까, 이대로 돌아가실 리가 없다고 생각했다는 뜻이다. 그 말을 들은 붓다는 자신은 스스로를 교단의 지도자라고 생각한 일은 없다고 말씀한 것이다. 그러면 붓다는 교단 안에서 어떤 지위를 차지한다는 말일까? 하기야 비구들에게 법을 가르친 것은 붓다임에 틀림없다. 하지만 법이 모두 설해진 이상에는 붓다도 또한 비구들과 함께 그 길을 걸어가는 동행자의 한 사람

이라는 것이다. 이미 그는 한 조각의 특별한 권능도 지니지 않는 교단의 한 성원에 불과하다는 뜻이다.

이 전통은 길이 유지되어 오늘에 이른다. 불교 속에서는 신의 아들이나 구세주는 끝내 나타나지 않는다. 후세에 와서 일반 사회의 풍속을 따라 왕사니 국사니 하는 따위의 승계(僧階)나 직제가 만들어진 바도 있기는 하나, 그렇다고 그들이 극락에 가는 열쇠를 쥐고 왕생(往生)을 약속할 수 있는 권한을 행사한 것은 아니다. 그와 같이 역사적으로도 현실적으로도 일찍이 종교적 권위주의가 확립된 일이 없다는 것, 그것이 불교사를 이단의 역사로 만든 첫 번째 이유로 꼽아야 할 점일 것이다.

하지만 이 사실을 다시 파고들면, 우리는 당연히 불교가 상대주의의 존재론을 밑받침으로 하는 종교라는 사실에 생각이 미치지 않을 수 없다. 거기서는 모두가 상대성·관계성에서 파악되어야 한다. 연기의 법칙이 그것이다. 두 갈대 단(束)은 서로 의지해야만 설 수 있다. 그 중의 하나를 치운다면 다른 하나도 서지 못한다. 그것을 후세의 『화엄경』은 인타라망(因陀羅網)의 비유를 가지고 설한 바 있다. '인타라'란 '인드라(Indra)'의 음사인데, 고대 인도의 최고 신의 하나이다. 불교에서 흔히 '제석천(帝釋天)'이라고 부르는 것이 그것이다. 이 신은 큰 그물로 이 세계(우주) 전체를 뒤덮고 있다. 그 그물은 종횡무진의 선으로 짜이고, 그 매듭마다 주옥이 달려 있어서 그 하나가 움직이면 다른 주옥도 모두 흔들린다. 이 경은 그런 비유로써 이 세계의 중중무진(重重無盡)한 관계성을 나타내려 한 것이려니와, 그것은 그대로 불교의 세계관임이 분명하다. 거기에는 복잡한 관계성과 함께 무한한 유동성이 있다. 그런 세계관 속에서는 고정적인 존재나 항구적인 자아 같은 것은 물론 생각할 수가 없다. 아리스토텔레스의 말을 빌리자면 '굳어진 진리'는 생각될 수 없는 것이다. 만약 진리라는 말을 사용한다면—이 말에는 그것이 고정적인 듯한 인상이 따른다—그 진리는 유동적인 것이어야 한다. 만약 실상(實相)이라는 말이 선택된다면 그 실상은 융통 무애한 것이어야 한다. 버들은 푸르고 꽃은 붉다고나 할까?

더 중요한 것은 삼라만상만이 그런 것이 아니라 인간 또한 그렇다는 사실이다. 한 경(『소부경전』 우다나 5 : 8 한역 동본, 『사분율』 46)에 의하면, 붓다는 일찍이 이러한 게를 설한 적이 있었다.

선인은 선을 행하기 쉽고
악인은 선을 행하기 어려워라
악인은 악을 행하기 쉽고
성자는 악을 행하기 어려워라.

그것은 붓다의 만년에, 저 데바다타(提婆達多)가 교단의 분열을 획책하고 있다는 사실을 아난다가 보고했을 때에 설한 게(偈)이다. 데바다타는 샤카(釋迦)족 출신으로 젊었을 때는 수행에 열중하는 훌륭한 제자였으나, 이윽고 마가다의 아자타사쓰(阿闍世) 태자의 존경을 받게 되면서 붓다의 후계자로 지명될 것을 바라다가 이루어지지 않자, 마침내 분파를 책동하기에 이른다. 그를 생각하며 붓다는 이 게를 부른 것이다.

인간 무상! 그것은 인간의 노(老)·병(病)·사(死)만을 가리키는 것은 아니다. 인간의 선악 또한 무상한 것이다. 무상한 까닭에 선하게도 악하게도 될 수 있는 것이며, 끝없는 향상과 타락이 아울러 약속되는 것이다. 다만 선을 거듭한 사람은 선이 하기 쉽고, 악을 일삼아 온 사람은 악을 저지르기 쉬운 그런 차이는 남으리라. 그것은 사람에게는 선으로 달리는 경향과 악으로 기울어지는 경향이 함께 있다는 이야기가 된다. 그 선으로 달리는 경향에 주목하여

"모든 사람은 누구나 붓다가 될 가능성을 지니고 있다."

고 한 것은 대승의 주장이다. 또 그 악으로 기우는 경향에 눈물지으며

"번뇌가 들끓고, 죄악이 무겁다."

는 자각에 투철하여, 저 독특한 신앙의 길을 수립한 것은 정토종이다.

그렇게 생각해 보면, 상대주의의 입장에 서는 붓다의 길은 주체의 자각이라는 하나의 주옥이 움직이는 것만으로도 무한한 변화를 나타낼 가능성이 있다고 보아야 하리라. 이것만이 정통 불교요 이것과 다른 것은 모두 이단이라는 따위의 굳은 사고 방식

은 도리어 붓다의 상대주의적 입장에 어긋나는 것이라고 할 수 있을 터이다. 나는 그런 뜻에서 불교는 붓다에서 끝나지 않는다고 말하고 싶다.

새로운 물결
대승 불교의 출현

붓다가 걸머진 역사적 제한

불교라는 이 가르침이 붓다에 의해 창시된 이래 이미 길고 긴 세월이 흘렀다. 그 동안의 경과는 참으로 다양한 역사적 변천의 자취를 보여 주고 있다. 그 중에서도 대승이라고 자칭하는 새로운 물결이 높아짐으로써 보수적인 상좌부(上座部)의 그것과 현저한 대조·대립을 나타낸 역사적 사실은 불교사에서 가장 주목되는 만큼 가장 기본적인 전환이다. 이런 전환을 어떻게 해석할지는 불교 역사의 이해에서 무엇보다도 중요한 전제의 하나가 된다고 여겨진다.

물론 지금까지의 학자들이 이 중대한 역사적 사실에 대해, 그 경위를 밝히고 해석을 시도하는 데 등한했던 것은 결코 아니다.

그러나 종래의 연구와 견해에는 언제나 공정성이 결여되어 있었다는 것을 나는 지적하지 않을 수 없다. 그것들은 언제나 한쪽 입장에 얽매인 주장들이었다. 더 구체적으로 말한다면, 중국이나 일본같이 주로 대승 불교가 득세하고 있는 곳에서는 일방적으로 대승 불교도 쪽의 발언만이 채택됨으로써 그것에 의해 평가가 내려져 왔다. 무엇보다도 단적인 보기는 '대승'·'소승'이라는 말로 그것이 논해져 왔다는 사실이다. 무릇 그 전자는 미칭(美稱)이요, 후자는 비난하는 말인 까닭이다. 나는 그러한 편벽된 입장에서 이 중대한 역사적 전환이 논해지는 일은 이제는 탈피해야 된다고 생각한다. 더 객관적인 입장에 서서, 불교의 역사를 하나의 흐름으로 파악해야 되리라 믿는다. 이미 대승과 소승을 놓고 어느 쪽이 낫고, 어느 것이 못하다고 논할 시기는 지났다. 오히려 하나의 전체로서의 불교 속에서 대승이라는 새 물결이 일어난 데에는 어떤 역사적 필연성이 있는지를 살피는 각도에서 보아 가야 한다고 나는 믿는 바이다.

그런 각도에서 대승 불교라는 새 조류의 발생 경위를 문제삼아 보자. 아무래도 먼저 지적해 두어야 할 것은 붓다의 사상이나 그 교단이 처음부터 여러 가지 역사적 제한을 걸머지고 있었다는 사실이다. 그 구체적인 보기로서, 나는 붓다의 교단이 지닌 계급성을 들고 싶다. 붓다의 교단은 어디까지나 만인에게 열린 평등의 단체이다. 그러나 실제로 거기에 들어온 사람들은 대개는 귀족의 아들이다. 경전은 자주 붓다가

"양가의 청년을 고향으로부터 끌어내서, 일처부주(一處不住)의 생활에 들어가게 했다."

고 전한다. 여기서 '양가의 청년(Kulaputtā)'이란 올덴부르크가 고증했듯이 문자 그대로 '귀족의 아들들'이라는 뜻이다.

물론 붓다의 제자 중에는 귀족 출신이 아닌 사람도 있다. 하지만 그들 중에서 이름이 알려지고 교단 안에서 무거운 위치를 차지했던 사람들은 대개 크샤트리아(刹帝利)나 브라만(婆羅門)이며, 바이샤(吠舍)가 있다면 장자(長者)라고 일컬어지던 대상인의 자제들이다. 그리고 땀을 흘리며 살아야 하는 사람들은 비록 있다고 해도 극히 소수이다. 거기에 붓다의 교단이 무의식중에 형성한 일종의 계급성이 있다. 물론 교단이 내세운 정신은 평등인지라 누구라도 사회적 신분 때문에 입단이 거부되는 일은 없었다. 그럼에도 불구하고 그 교단을 형성한 부류는 주로 상류 계급 출신의 지성적인 청년들이다.

그러면 그러한 붓다의 교단의 계급성은 어떻게 하여 생겨날까? 그 이유를 따져 보면 당연히 붓다의 가르침이 고도한 '지혜의 길(jñānamārga)'이라는 것에 생각이 미치게 된다. 붓다가 깨달은 내용이 당시 사람들로서는 이해하기 쉽지 않았다는 것은 앞에서 말한 설법을 결의하기까지에 이른 경위를 보아도 명백하다. 한편 다시 눈을 들어 볼 때, 그 시대는 매우 특이한 양상을 띠고 있음이 이해된다. 인도는 그 즈음 우파니샤드의 사상가들이나 '육사 외도(六師外道)'라고 불리는 사상가들이 나타나서 다채로운 사상적 분위기 속에 싸이게 된다. 그 즈음은 고대 그리스의 몇 세기나 중국의 제자 백가(諸子百家) 시대와 함께, 인류의 크나큰 계몽의 세기를 형성한다고 할 수 있다. 인류는 그때부터 비로소 전통의 구속으로부터 벗어나서, 이성에 따라 살아가는 방식을 배우게 된 것이다. 그리고 붓다도 또한 이런 영광스러운 시대에 산 사상가의 한 사람이므로, 그가 설한 내용이 '지혜의 길'이라는 것은 그 시대의 사상의 기본적 성격이었다고 할 수 있겠다.

그러나 돌이켜 생각해 보면, 이성의 빛은 그 즈음 겨우 비치기 시작했을 뿐이어서 무지와 몽매는 아직도 널리 인류 위에 덮여 있다. 그런 시대에 능히 이 지혜의 길을 이해하고 실천할 수 있는 사람은 극히 드물었을 것임에 틀림없다. 연기(緣起)의 법칙과 무상(無常)의 세계관과 무아(無我)의 인간관을 이해하고 받아들이기란 그리 쉽지 않았을 것이다. 경전의 서술은 도처에서 그것이 쉽지 않았음을 말하고 있다. 이런 상태였으므로 붓다를 따르게 된 사람은 대개 지성이 뛰어난 양가의 아들이고, 고역에 종사하는 계급은 소외되는 결과가 된 것도 자연스러운 추세였다고 할 수 있다.

따라서 붓다의 가르침이 그런 역사적 제한을 걸어지고 있다는 것은 붓다에게 결코 부끄러운 일이 될 수는 없다. 왜냐하면 그는 자신의 역사적 임무를 충분히 다했기 때문이다. 그러나 그 이상은 만인에게 평등한 길이어야 하며, 그것이 언제까지나 소수 엘리트의 것이어서 좋을 리가 없는 법이다. 거기에 붓다가 돌아가신 다음에 이 길을 가는 사람들이 마땅히 당면하지 않을 수 없던 과제가 있다. 그리고 그 해결의 방향은 저절로 대승의 정신과 연결될 수밖에 없었던 것이다.

물론 대승 불교가 생겨난 이유를 이것 하나만이라고는 할 수 없으리라. 그 역사적 경위는 매우 복잡하고, 또 그 태반은 지금도 안개 속에 가려 있는 실정이다. 그러나 그 가장 근원적인 이유를 찾자면, 역시 나는 무엇보다 붓다의 가르침이 지닌 이러한 역사적 한계성을 지적하지 않을 수 없다고 생각한다.

새로운 이상과 방법의 등장

그러면 스스로 대승이라 자처한 불교인들은 원시 불교가 지니고 있던 이러한 역사적 제한을 어떻게 극복하고자 할까? 이 질문에는 그들이 새로 표방한 이상과 방법이 스스로 대답이 되고 있다고 생각한다. 그런 관점에서 그들이 내세운 이상과 방법을 정리해 보면, 다음과 같은 말을 할 수가 있을 것 같다.

첫째는 개인의 문제와 대중의 문제가 그 비중을 달리하게 된다는 사실이다. 이미 말한 바와 같이 붓다의 길은 자기 형성의 길이다. 물론 붓다나 그 제자들도 결코 남에 대해 무관심했던 것은 아니다. 하지만 관심의 비중은 명백히 개인 쪽으로 기울어진다. 한 경(『소부경전』 수타니파타 8, 慈經)에서 자비에 대해 붓다가 이런 식으로 말씀하고 있는 것은 인상적이다. 그것은 전부가 운문이거니와 먼저

> 가르침의 도리를 잘 이해한 사람이
> 자유의 경지를 얻은 다음에 할 일은 이것이다.
> 유능·솔직, 그리고 단정할 것,
> 좋은 말을 쓰고, 유화하며 거만하지 않을 것.

이라는 게(偈)로 시작하여 이윽고

> 비천한 짓을 하여 식자의 비난을 받지 말며,
> 오직 이러한 자비만을 닦으라.
> 일체의 살이 있는 생명들 위에
> 행복 있으라, 평화 있으라, 안락 있으라.

고 하여 자비를 설함으로써 끝나고 있다.

이것은 그대로 붓다와 그 제자들의 종교의 기본적 성격을 반영한 것이라고 볼 수 있다. 그것은 대승의 사상가들이 즐겨 쓰는 말로써 한다면, 상구보리(上求菩提) 즉 깨달음을 추구하는 것과 하화중생(下化衆生) 즉 중생을 구제하고자 하는 두 가지 요구 중 의심할 것도 없이 상구보리를 중시하는 태도이다. 그런데 이제 온갖 대승 경전과 그 사상가들은 그 비중이 뒤바뀌어야 한다고 주장하고 나선 것이다. 상구보리 대신 하화중생에 비중을 두어야 한다는 것이다. 같은 대승이라 해도 그 속에는 여러 경전이 있고 여러 사상이 흐르고 있거니와, 대중 구제가 앞서야 한다는 주장에 이르러서는 전혀 그 예외가 없다. 그들이 스스로 대승이라 일컫는 이유도 오로지 이때문임에 틀림없다.

대승이란 마하야나(Mahāyāna)의 역어이다. 큰 길 또는 큰 수레를 뜻하는 말이다. 그 말로써 그들은 새로이 주장하는 바가 '큰 수레'이며 '광대한 가르침'임을 표방한 것이다. 그러면 이제 붓다의 도(道)를 전환시켜서 대중 구제의 '큰 수레'로 삼기 위해서는 어떻게 해야 할까? 그 방법에 이르러서는 갖가지 서로 다른 주장들이 있다.

둘째로 지적할 수 있는 것은 '보디사트바(Skt., Bodhisattva : Pāli, Bodhisatta)'라는 불교인의 새로운 이상상(理想像)이 생겨난다는 사실이다. 중국에서는 그것을 음사하여 '보리살타,' 줄여서 '보살'이라고 한다. 이 말은 초기 경전, 즉 아함(阿含) 문헌에도 나타나 있기는 하다. 이를테면 붓다는 정각 이전의 일에 대해

"내 정각 이전, 아직 정각을 이루지 않은 보살이었을 때……."

라고 말하고 있다. 거기서는 이 말이 단순히 수행자로서의 길을 가는 사람이라는 뜻이다. 그런데 이제 대승 불교인들은 이 말에 새 뜻을 주입시켜서, 그것을 새로운 불교인의 이상으로서 표방하기에 이른 것이다.

그들은 보살의 이상을 말하면서, 앞에 나온 상구보리와 하화중생의 두 개념을 내세운다. "위로 보리를 구한다."는 것은 "자기의 정각(bodhi)을 추구한다."는 뜻이다. 이것을 그들은 보살의

자리행(自利行)이라 한다. 또 "아래로 중생을 교화한다."는 것은 중생 즉 살아 있는 모든 생명을 구제한다는 것을 뜻한다. 그것은 보살의 이타행(利他行)이다. 보살은 모두 이 두 가지 행(行)을 추구하는 사람이거니와, 어느 쪽이냐 하면 비중은 오히려 그 후자에 놓이게 된다. 비록 잠시 동안 자기의 정각 추구를—그것이야말로 붓다의 가르침이거니와—희생하는 한이 있어도 중생 구제를 위해 몸을 바치는 것, 그것이 보살이라는 것이다. 거기에 대중 구제로 비중이 전환되어야 한다는 대승 불교인들의 주장이 있어서, 대승 불교는 또한 보살승(菩薩乘)이라는 이름으로도 흔히 부른다. 이 새로운 불교인의 이상상 역시 모든 대승 경전에 안 나타난 데가 없다 하겠으나, 그 가장 대표적인 것은 『법화경』이라 하겠다.

셋째로는 새로운 방법론의 주장을 들 수 있을 것이다. 특히 지적되어야 할 것은 직관적 방법이 높이 평가됨으로써, 분석적 방법에 비해 무거운 비중을 차지하게 된다는 일이다. 불교 용어로 말하자면 '분별' 이라거나 '무분별' 이라고 하는 것이 그것이며, '식'(識, Skt., vijñāna ; Pāli, viññāṇa)에 대해서 '반야'(般若, Skt., prajñā ; Pāli, paññā)라는 말의 출현이 그것이다. 대체 인간의 인식이란 직관만의 분석으로 이루어지는 것이어서, 직관만에 의한 인식도 없고 분석만에 의한 그것도 있을 수 없는 것이겠다. 칸트의 말을 빌리자면,

"내용 없는 사고는 공허하고, 개념 없는 직관은 맹목이다."

라고나 하여야 되리라. 다만 그 어느 것에 중점을 두는가는 사람에 따라 다르고, 민족에 따라 경향을 달리하며, 시대에 따라 양상이 달라지기 마련이다.

붓다의 사고 방법은 의심할 여지도 없이 분석적이다. 그 수제자인 사리불(舍利弗)도 '분별 설법'의 명수이다. 또 그 계보를 이어받은 상좌부(Theravāda)는

"불교란 분별(분석)의 가르침이다(Sāsanaṁ vibhajjavādo)."

라고 주장한다. 이를테면 연기(緣起)라 할 때, 그것은 존재의 양상을 관계성에서 포착하는 것이니까, 거기에 이르는 방법은 분석적일 수밖에 없을 것이다. 또는 무아(無我)가 주장되는 경우, 그것은 인간의 존재를 다섯 개의 요소―그것을 '오온(五蘊, skandha)'이라 한다―로 분석해 생각하도록 설명된다.

그러나 이 분별의 가르침을 이해하는 것은 그 당시 사람들로서는 쉽지 않은 일이다. 인류는 그 무렵, 아직도 분석적 사유에 익숙하지 못했기 때문이다. 붓다의 말씀을 이해할 수 있던 사람이 주로 지성적인 일부 청년에 국한된 이유가 거기에 있다. 이에 대해 대승의 불교 사상가들이 주장한 것은 직관적 방법이다. 대승 경전의 도처에서 분별지(分別智)를 배척하고, 무분별지(無分別智)를 찬양하고 있는 것도 이때문이다. 그들은 심지어 연기의 법칙조차도 직관을 가지고 포착하도록 가르친다. 『반야경』이 말하는 '슈냐타(śūnyatā)', 즉 '공(空)'이 그것이다.

이 밖에 장기간에 걸친 대승 불교 운동이 새로이 이바지한 바는 매우 많다. 이를테면 불교 안에 예술적 수법을 도입한 일 같은 것도 그것이다. 의식하의 자기 문제에 관심을 보인 것도 그들이다. 또는 범부 왕생(凡夫往生)의 이상 같은 것도 거기에서 싹텄다고 말할 수 있다.

새로운 경전의 성립

이런 새로운 물결의 발생 경위를 따지고자 하면, 우리는 당연히 이른바 '제2 결집'이 성립하던 때로 거슬러 올라가지 않을 수 없다. 이미 서술한 바와 같이, 제2 결집이라는 집회는 원시 교단 속의 '정통과 이단'의 충돌로부터 생겨난 것이다. 그리하여 거기서는 진보파 비구들의 주장이 장로들에 의해 '비법'이라고 배척되고, 그 판정에 불만을 품은 신진파들은 별도의 '대합송(大合誦)'이라는 집회를 개최함으로써 대중부라는 분파가 생겨난다. 그리고 대승 불교는 이 대중부의 계통에서 나온 것으로 추측된다.

그러나 우리는 유감스럽게도 대중부의 흐름 속에서 언제 누구에 의해 어떻게 해서 대승 불교가 생겨났는지를 아직도 확실히 지적할 수는 없다. 우리가 현재 말할 수 있는 것은 그것이 무엇으로 보나 진보파 불교인에 의해 만들어졌을 것임에 틀림없다는 것, 그리고 기원 전 2세기 후반에서부터 기원 후 1세기에 이르는 동안에 이미 대승 경전의 주요한 몇 가지 경이 이루어진다는 것, 또 그 대승 경전들을 근거로 하여 나가르주나(龍樹, Nāgārjuna)의 정력적이며 고도한 사상 활동이 전개됨으로써 대승 불교의 면목이 선명하게 무대의 전면에 부각된다는 사실이다. 대체로 기원후 2·3세기까지에 걸쳐 일어난 일들이다.

그러면 그 무렵까지 누군가에 의해 알려지지 않은 시기와 장소에서 생산된 대승 경전에는 어떤 것이 있을까? 그 주요한 것을 들면 다음과 같다.

1) 『반야경(Prajñāpāramitā-sūtra)』 반야부(般若部)의 경전들 중 가장 초기의 것은 이미 기원 전 2세기 후반까지는 성립해 있던 것으로 추측된다. 이 경은 '슈냐타' 즉 공(空)의 개념을 내세움으로써, 그 후에 계속해서 일어난 대승의 여러 사상에 엄청난 영향을 미친다.
2) 『법화경(Saddharmapuṇḍarīka-sūtra)』 이 경 또한 기원 전 1세기에는 이미 성립한 것으로 생각되나, 현재와 같은 형태는 아니었을 것이다. 이 경은 대중의 구제를 강조하고 '보디사트바' 즉 보살의 이상을 설하는 대표적 경전으로서, 대승 경전의 중심적 존재로 지목되어 온 것은 주지의 사실이다.
3) 『화엄경(Avataṃsaka-sūtra)』 이 경은 앞의 경전들 뒤에 성립한 것으로 여겨지나, 현존하는 '육십화엄', 또는 '팔십화엄'과는 달리, 그 중의 '십지품(十地品)'과 '입법계품(入法界品)'이 주가 되었으리라고 생각된다. 이 경은 법계(法界) 즉 전 세계의 양상을 묘사하여, 뛰어난 세계관의 문학을 펼쳐 보인다.

그런 대승 경전을 기반으로 하여, 나가르주나(龍樹)의 사상적 활동은 극히 광범하고도 정력적으로 전개된다. 후세 불교인들은 흔히 그를 가리켜 '팔종(八宗)의 조사(祖師)'라 일컫는다. 후세의 온갖 대승의 종파가 사상의 근거를 모두 그에게서 찾기 때문이다. 그의 저서는 현존하는 것만으로도 21부 164권이나 된다. 어쨌든 대승 경전이 생겨나고 그것을 배경으로 한 나가르주나의 탁월한 사상적 활동이 전개됨으로써, 대승을 표방하는 이 새로운 물결은 이제 뚜렷한 존재로서 기원 2·3세기의 불교 무대에 어엿한 모습을 나타낸다.

대승 불교의 생산 활동은 그로부터 몇 세기 동안이나 계속된다. 학자들은 흔히 인도 대승의 역사를 다시 제2기·제3기로 나누어 설명하거니와, 그 시기에서도 여전히 대승 경전들이 제작되고 또 주목할 만한 대승 사상가들의 업적이 축적되는 것이다. 그 중에서도 기원 전 4·5세기경에 나타난 형제 사상가 아산가(Asaṅga) 즉 무착(無着)과 바수반두(Vasubandhu) 즉 세친(世親)—천친(天親)이라고도 한다—의 사상 활동은 불교학 속에 불후의 업적을 남긴다. 그 대표적인 것은 바수반두의 『유식삼십송(唯識三十頌, Vijñamātratā)』인데, 불교에서의 심리학과 텍스트로서 오늘에 이르렀다. 7세기 후반 중국에서 인도로 간 구법승(求法僧) 의정(義淨, 635~717)의 기행문 『남해기귀내법전(南海寄歸內法傳)』에 의하면, 그 무렵의 인도에서는 두 갈래의 대승학파가 번성한다. 그 두 갈래란 중관파(中觀派)와 유가파(瑜珈派)를 말하는데, 전자는 나가르주나(龍樹) 계통에 속하는 형이상학파요, 후자는 아산가(無着)와 바수반두(世親)의 흐름을 따르는 심리학파이다. 그러나 기원 700년대로 들어서면서 인도의 불교는 쇠퇴 일로를 걷기 시작하며, 기원 10세기 이후에는 거의 그 자취조차 찾아볼 수 없게 된다.

중국인의 불교
선불교의 성립

동양의 황금 시대

불교는 마침내 인도를 벗어나 이민족 사이에 전파되기 시작한다. 그 정점을 이룬 시기는 대략 기원 7세기경이다. 그 무렵 불교는 거의 동아시아 전체를 뒤덮는 상태가 된다. 실론·버마·타이·인도지나·라오스·베트남·자바·티벳·서역·중국·몽고·한국, 그리고 일본이 그곳이다. 이 지역에 사는 사람들은 모두 불교를 알게 된다. 오늘날의 역사 학자들이 말하는 동아시아 문화권이 형성된 것은 대개 이때의 일이라고 볼 수 있다. 이 7세기를 중심으로 하는 몇 세기를 '동양의 황금 시대'라고 부르는 학자들도 있다. 그것에 대해 더 구체적인 이미지를 얻고 싶은 사람은 저 구법승 현장(玄奘, 600~664)이 『대당서역기(大唐西域

記)』에 차분히 적어 놓은 인도 기행문을 읽어 보는 것도 참고가 될 터이다. 그가 장안(長安)을 떠난 것은 정관(貞觀) 3년 즉 기원 629년의 일이다. 그로부터 그는 서역의 북쪽 길을 지나 중앙아시아와 아프가니스탄을 거쳐 인도에 들어가서 나란다 사원에서 시라바드라(戒賢)에게 배우고 인도 각지의 불교 유적들을 찾는다. 그런 다음 파미르를 넘어 서역 남쪽 길을 거쳐, 정관 19년 즉 서기 645년에 장안으로 돌아온다.

또는 의정(義淨, 635~713)의 여행기인 『남해기귀내법전』을 읽어 보는 것도 좋으리라. 그는 671년에 광주(廣州)에서 배를 타고 바다를 건너 인도에 도착한다. 도중에 수마트라의 슈리비자(室利佛逝)에 들르고, 갠지스 강가의 타무루쿠에 상륙하여 그도 또한 나란다 사원에서 공부한다. 돌아오는 길에도 다시 바다를 거쳐 수마트라에 잠시 머문 다음, 695년 낙양에 도착한다.

더 가까운 보기를 들어 말한다면, 기원 752년에 동대사(東大寺)의 대불 개안 공양에서 그 도사(導師)가 된 보디세나(704~760)의 일을 떠올리는 것도 좋으리라. 그는 남인도 출신으로 바다를 거쳐 중국에 도착하나 다시 견당사(遣唐使 : 중국에 파견된 일본 사절)의 부탁을 받아들여 베트남의 승려 불철(佛哲)을 데리고 736년 일본에 온다.

나는 그런 승려들의 발자취를 가만히 눈을 감고 더듬어 본다. 그러면서 생각하는 것은 그런 행동 범위가 넓은 국제적 활동이 그 당시 어떻게 가능했을까 하는 일이다. 그것에 대한 해답은 다음의 두 가지가 될 것이다.

하나는 그 무렵 동아시아 전역을 휩싸고 있던 정치·경제·문화적인 국제 정세이다. 7세기 초에 광대한 제국을 건설한 당(唐)이 그 중심이고, 국제 도시의 면모를 갖추고 있던 당나라의 서울 장안(長安)이 그 상징이라고 볼 수 있다.

또 하나는 그것과 전혀 별개의 것은 아니거니와, 이미 일찍부터 점화되어 있던 종교적 정열의 광범한 앙양이다. 동아시아 전역에 걸쳐 열정에 타는 종교적·예지적·예술적인 생활이 영위되는데, 그것을 불교가 하나로 연결시켜 서쪽으로는 실론으로부터 동으로는 멀리 일본에 이르기까지 커다란 휴머니즘의 물결을 고조시킨 것이다. 그런 배경이 없이는 이상과 같은 승려들의 열정과 행동은 도저히 이해되지 않을 것이다.

문화 접촉의 두 가지 형태

불교가 이렇게 광범하게 전파된 중에서 실론·버마·타이·인도네시아 등에 전해진 것을 남전 불교라 하고, 서역·중국·한국·일본 같은 나라에 전해진 것을 북전 불교라고 한다. 그것들 속에서 각기 대표적으로 실론과 중국을 골라 내어 불교 수용의 양식을 비교해 보면, 매우 흥미 있는 대조를 나타낸다.

실론의 불교 수용 양식은 문화 접촉(acculturation)상의 불균형형(不均衡型)에 속한다. 새로 도래한 불교는 그것을 받아들이는 실론 문화에 비해 훨씬 앞서 있었다. 그와 같이 도전하는 문화와 그것에 부딪히는 문화 사이에 현격한 수준 차이가 있을 때, 도래한 문화는 적극적인 변화를 거치지 않은 채 수용되는 것이 일반적이다. 실론의 불교 수용은 바로 그 전형적인 보기라고 할 수 있다.

거기서는 경전도 번역되지 않는다.

새로운 종파도 생겨나지 않는다.

전해진 삼장(三藏 : 경·율·논)의 정리와 주석조차 인도에서 들어온 학자의 손에 의해 이루어진다.

오늘날 우리는 불교의 원시적인 모습을 찾고자 할 때, 실론인들이 전승해 온 것들을 가장 중요한 자료료 삼는다. 왜냐하면 그들은 불교를 받아들이고 나서 오늘에 이르기까지 중대한 변화를 거의 가하지 않았기 때문이다.

그와는 반대로 중국인들이 받아들인 불교는 장기간에 걸쳐 여러 중대한 변용이 행해진 끝에, 원래의 그것과는 사뭇 다른 불교로 변모한다. 그 시대의 중국 문화와 인도 문화를 비교할 때, 어느 쪽이 더 앞섰는지 쉽게 판별하기 어려울 만큼 두 문화의 차이는 크지 않았다. 그러므로 두 나라 사이에 행해진 문화 접촉이 균형형이었을 것은 의심할 여지가 없다.

그들은 전래된 경전을 모두 번역한다. 그 번역의 양과 질은 세계 문화사 속에서 거의 유례를 찾아볼 수 없는 정도의 것이다. 처음에는 서역이나 인도에서 온 중들에 의해 번역이 진행되나, 마침내는 중국의 구법승들이 인도를 찾아 그곳에서 말과 사상을 배우고 나서 많은 경전을 가지고 돌아와서 번역한다.

또 번역된 것은 중국 사상과 비교 연구되고 비판도 된다. 그들

자신의 힘으로 훌륭한 주석서도 많이 펴낸다. 그리고 그런 작업에서는 그들 중국인이 가진 민족적 자질과 민족적 요구가 큰 발언권을 행사한다. 이렇게 해서 받아들인 불교는 중국 재래의 사상·종교·문화에 깊은 영향을 끼쳐 그것들을 변용시킨 점도 적지 않거니와, 아울러 불교 자체도 역시 적잖이 변모하여 중국화된다. 그리하여 마침내는 문자 그대로 중국 불교가 생겨나기에 이른다. 그 대표적인 것들이 천태종(天台宗)과 화엄종(華嚴宗)과 정토종(淨土宗)이며—정토종은 중국에서는 한 종파까지는 되지 못한다—드디어 선종(禪宗)이 성립함에 이르러 중국인이 낳은 가장 중국적인 불교가 나타난다.

정전(庭前)의 백수자(柏樹子)

중국인의 불교 수용 노력은 대략 기원 전후부터 시작하여 실로 천년을 넘는 동안에 걸쳐 계속된다. 그 긴 역사를 이제 선종의 성립이라는 한 점에 핀트를 맞추어 바라보면, 모든 역사적 영위가 이 한 점을 향해 집중하고 있는 것 같다. 그것은 중국이라는 문화적 토양에 이식된 불교는 결국 여기에 이르지 않을 수 없는 경향을 도처에서 나타내고 있기 때문일까? 아울러 좀 모순된 소리일지는 몰라도, 이 한 점에 서서 바라보면 그때까지의 불교 수용 노력은 모조리 헛일처럼 보이기도 한다. 그 근본 주장인 '교외 별전(教外別傳)'이라는 한 마디는 그런 결연한 전통 부정의 정신인 까닭이다.

어쨌든 이 커다란 꽃의 씨를 중국의 토양에 뿌린 사람은 외국 사문인 보리달마(?~528?)이다. 그는 인도의 승려로 기원 520년 경 뱃길로 중국에 이른다. 그 후의 소식에는 확실하지 않은 점이 많거니와, 양(梁)의 무제(武帝)와의 만남이 유명한 설화로 전해지고 있다. 무제는 불교에 깊이 매료되어 스스로 가사를 걸치고 경을 강의하며, 천하에 조서를 내려 절과 탑을 세우고 승려들을 공양한다. 불교를 위해 온갖 정력을 쏟으므로, 당시 사람들은 그를 일컬어 불심천자(佛心天子)라고 하였다 한다. 이 무제와 보리달마의 만남은 매우 이색적인 것이었다.

기원 520년 11월 1일, 겨우 양(梁)의 서울인 건업(建業)에 도착한 달마는 황제가 보낸 가마를 타고 궁전에 이르러 정전(正殿)에서 무제와 만났다. 황제가 물었다.

"나는 지금까지 절을 짓고 경을 베끼고 크게 승려들을 공양해 왔소. 이것에는 어떤 공덕이 있을까요?"

달마는 무뚝뚝하게 말했다.

"무공덕(無功德)."
"그러면 무엇이 진정한 공덕인가요?"
"정지묘원(淨智妙圓), 체자공적(體自空寂). 이 같은 공덕은 세상에 구하는 사람이 없습니다."
"그러면 대체 성제(聖諦) 제일의(第一義)란 무엇이오?"

"확연무성(廓然無聖)."

이렇게까지 되어서는 아무리 불교에 심취한 무제라도 약간 발끈한 것일까? 그는 언성을 높여 말한다.

"짐(朕)을 대하고 있는 이가 누구뇨?"
"모르오."

이리하여 달마는 건업을 떠나 위(魏)로 가서, 숭산(嵩山)의 소림사(少林寺)에 숨는다. 그로부터 이른바 면벽 구년(面壁九年)의 생활이 시작되는 것이다.『무문관(無門關)』[6]의 1장에 '정전백수'라는 제목의 문답이 있어서, 달마와 관련된 것을 다루고 있다.

조주(趙州)에게 중이 물었다.
"무엇이 조사(祖師)가 서래(西來)한 뜻입니까?"
조주가 대답했다.
"정전(庭前)의 백수자(柏樹子)."

조사란 달마를 가리키는 말이다. 달마가 서쪽 나라로부터 온 뜻을 중이 묻자, 그것에 대답하여 달마는 "뜰 앞의 잣나무"라고

---

6) 송나라 무문 혜개가 지은 것. 여러 선록(禪錄) 중에서 48개의 공안을 뽑아 송(頌)을 붙인 것.

말한 것이다. 그러면 그 대답이 뜻하는 것은 무엇이냐고 다시 물으려 든다면, 편자의 이러한 송(頌)을 제시할 수밖에 없다.

말은 사물을 펴지 못하며
말은 기미(機微)를 살리지 못한다.
말을 받는 이는 잃고
구절에 얽매이는 이는 미혹한다.

이렇게 되어 가지고는 그 이상 설명을 늘어놓을 용기도 안 생기지만, 어쨌든 그런 달마의 발자취는 다른 외국 사문의 그것과는 매우 취지를 달리하고 있음이 사실이다. 그가 범어 경전을 가지고 왔다는 말도 들을 수 없다. 번역이나 강의를 했다는 이야기도 없다. 그의 저서라고 하는 것이 남아 있기는 하나 그것도 의심스럽다. 무제 앞에서 "확연무성"이라고 갈파한 이래, 요컨대 그는 다만 앉아 있을 뿐이다. 그러다가 혜가(慧可, 487~593)가 나타남으로써 그의 씨는 중국의 토양에 뿌려져서 이윽고 순수한 중국 불교의 크나큰 꽃을 피우게 된다.

선종이 불교로서 큰 모습을 나타내기에 이른 것은 기원 8세기 육조(六祖) 혜능(慧能, 638~713) 이후의 일에 속한다. 이른바 중국 불교 13종 중에서 시기로 보아 가장 뒤진다. 그러나 그 이후 수 세기 동안 뛰어난 선승들이 쏟아져 나오는데, 그 중에는 중국 불교사상 넉넉히 일류에 낄 사람들도 적지 않아 다른 종파의 추종을 불허할 만큼 세력이 커진다. 그러다가 끝내는 각기 자기 가풍(家風)을 발휘하여, '오가 칠종(五家七宗)'의 여러 유파를 형성하기에 이른다. 선종의 전모를 보이기 위해서 그것들을 열거하겠다.

1) **위앙종(潙仰宗)** 백장 회해(百丈懷海, 720~814)의 제자인 위산 영우(潙山靈祐, 771~853)와 그 제자 앙산 혜적(仰山慧寂, 840~915)의 흐름을 따르는 종파이다. 위산과 앙산에서 한 자씩을 따서 위앙종이라 한다. 그 가풍은 '명암교치(明暗交馳) 체용쌍창(體用雙彰)'이라고 일컬어진다. 비교적 일찍 쇠퇴한다.

2) **임제종(臨濟宗)** 백장의 제자에 황벽 희운(黃檗希運, ?~850)이 있고, 그 제자에 임제 의현(臨濟義玄, ?~867)이 있어서 그 가풍을 대성한다. 할(喝)[7]을 쓰고 '법령엄격 수단험절'이라고 일컬어진다. 『임제록』은 그 언행을 적은 것이다.

3) **조동종(曹洞宗)** 청원 행사(靑原行思, ?~740)의 유파이다. 동산 양개(洞山良价, 807~869)와 그의 제자 조산 본적(曹山本寂, 840~901)에 의해 이루어진다. 그 가풍은 '고고면밀(高古綿密)'이라 하여, 정정숙숙(整整肅肅)한 영위로써 특징을 삼는다.

4) **운문종(雲門宗)** 청원의 혈맥에 운문 문언(雲門文偃, ?~949)이 있어서 그 가풍을 일으킨다. '초험온밀(峭嶮溫密)'이라 하여, 준엄한 일면과 온화한 일면을 잘 조화한 선풍(禪風)이다. 『벽암록(碧巖錄)』[8]의 편자 설두 중현(雪竇重顯, 980~1052)은 이

---

7) 선승들 사이에 문답 때 쓰는 꾸짖는 소리. 말로 표현하기 어려울 때나 꾸짖어야 할 때, 소리를 질러 그 망상을 치는 것.

파의 사람이다.

5) **법안종(法眼宗)** 마찬가지로 청원의 혈맥에 청량 문익(淸涼文益)이 있어서 그 가풍을 이룬다. 문익의 시호 법안 선사를 좇아 이렇게 부른다. 송(宋)의 중기 이후 법등(法燈)이 끊어진다.

이상을 오가(五家)라 하는데, 그 중 임제종이 가장 번창하고 운문종이 그 뒤를 따른다. 또 후일에 임제종 계통으로부터 다시 황룡파(黃龍派)・양기파(楊岐派)의 두 종파가 생기므로 아울러 오가 칠종이라고도 한다.

곁들여 말한다면 일본의 선종은 도겐(道元)이 조동종을 전하고, 에이사이(榮西)가 임제의 황룡종을 전하며, 그 밖에 일본 임제의 여러 파는 대개 양기파의 흐름에 속한다. 또 후일의 황벽종은 이 파의 은원융기(隱元隆琦, 1592~1673)가 들어와서 전한 것이다.

지관타좌(只管打坐)

선(禪)이란 산스크리트 'dhyāna'를 음사하여 '선나(禪那)'라고 하고, 다시 줄여서 '선'이라 한 것이다. 의역하면 '정(定)' 또는 '정려(靜慮)'가 된다. 그것은 대개 앉아서 하는 수행인 까닭에 좌선(坐禪)이라고 이른다. 거슬러 올라가 말하자면, 붓다가

---

8) 설두 중현이 『전등록』 속에서 백 가지 공안을 추려 이에 송을 붙인 것. 후일에 설명이 더 첨가된다.

저 보리수 밑에서 단좌 명상한 것도 선이라 할 수 있고, 또 『요가 수트라(Yoga-sūtra)』에 설해진 요가의 지측(支則, yoga-aṅga)에도 좌법(坐法)과 정려의 방식이 나타나 있다. 거기에서 이야기되고 있는 것은 인도 사상의 여러 파에 공통된 실천론이며, 불교인도 또한 그 예외는 아니다. 따라서 좌선 자체는 결코 선종 특유의 것은 아니며, 중국 불교에서도 초기부터 실행된다.

그러면 선종이 홀로 좌선을 표방하는 이유는 무엇일까? 그것은 그들이 '지관타좌'에 투철하기 때문이다. 지관타좌란 다만 앉아 있을 뿐이라는 뜻이다. 이 평범한 표현 속에 그들이 갈무리하는 뜻은 매우 깊다. 거기에서는 좌선이 단순한 방법론에서 지양되어 완전히 하나의 독립된 종교로서의 지위를 확보하고 있다. 그런 뜻에서 선종의 좌선 같은 것은 일찍이 볼 수 없던 것이라고 할 수 있다. 방법론으로서의 선을 한 종파로까지 끌어올린 근거를 묻는다면, 그들은 다만 달마의 면벽 구년의 고사를 가리키면서 침묵해 버릴지도 모른다. 또는

봄에는 온갖 꽃들, 가을엔 달이 좋고
여름이라 시원한 바람, 겨울엔 눈이 있네.
세사에 마음 안 쓰면 어느 때나 호시절!

이라고 읊고 나서 표연히 사라져 갈지도 모른다. 그러나 아무리 그들이 말을 이리저리 피한다 해도, 거기에는 그들 자신의 자질에 깊이 뿌리박은 사고 방식이 도사리고 있어서 이 새로운 불교

를 지탱하고 있음은 명백한 바이다. '언어 도단(言語道斷)'·'불립 문자(不立文字)'라 하면서도, 그들은 생각보다는 말이 많아서 그 기미를 누설하고 있는 것이다.

그 첫째는 구상적(具象的) 직관주의이다. 중국인들의 강렬한 직관적 경향은 불교 수용의 전 역사를 통하여 역력히 나타난다. 그들이 일찍부터 반야(般若) 사상에 큰 관심을 보인 것이 그것이다. 인명(因明) 즉 논리학의 번역이 적은 이유도 그런 경향을 나타낸 것이라 하겠다. 또는 더 큰 문제이거니와, 중국의 불교가 어느 사이엔지 대승 일색이 되어 버린 이유도 또한 거기까지 캐어 올라가지 않을 수 없는 문제이리라.

따로 논할 기회가 없으므로 말해 두고자 하지만, 중국 불교는 워낙 대승만이던 것은 아니다. 중국 최초의 역경이라는 『사십이장경(四十二章經)』은 명백히 소승의 것이다. 또 기원 5세기 초엽까지는 상좌부 계통(소승)의 역경이 대승파의 그것을 훨씬 능가한다.

그러나 그것들을 돌보는 사람이 점차 드물어져서 드디어는 대승 일색이 되어 버린다. 그런 대승의 절대적 우세는 인도 불교에서는 생각도 못하던 일이거니와, 그 이유를 따져 보면 결국은 중국인의 자질과 경향에 귀착되는 수밖에 없다. 그리고 이런 경향은 선종에 이르러 정점을 이룬 것이다.

그들은 일체의 분별을 털어 버리고, 다만 직관에 의해 해탈의 경지에 뛰어들려고 한다. 또는 적막한 침묵 속에 있으면서 신심탈락(身心脫落)의 자유의 경지에 이르려고 한다. 조동(曹洞)의 가풍이 그것이다. 어떤 사람들은 공안(公案)[9]과 필사적 대결을 시도하여 그 속에서 궁극적인 경지를 발견하려고 한다. 임제(臨濟)의 가풍이 그것이다. 그 외의 일은 전혀 고려하지 않는다. 『임제록』에 이런 말이 있다.

"육도(六度)[10]와 만행(萬行)을 설하여 불법(佛法)이라 이르는 따위는, 나는 말한다, 이는 장엄문(莊嚴門)[11]이요, 불사문(佛事門)[12]이며, 불법은 아니라고."

달마가 서쪽으로부터 찾아온 뜻은 오직 이 인혹(人惑)을 받지 않는 사람을 찾기 위해서라는 것이다. 또 임제의 말에

"부처를 만나면 부처를 죽이고, 조사(祖師)를 만나면 조사를 죽이고, 나한(羅漢)을 만나면 나한을 죽인다."

고 한 것도 있다. 이 무시무시한 말이 나타내고 있는 바는 일체의 개념적인 것을 불식한 끝에 자유 자재한 경지에 이르라는 뜻이다. 그러기 위해서는 지관타좌가 있을 뿐이라는 것이 그들의 입장이다.

이리하여 지관타좌 속에서 그러한 신심 탈락의 경지를 얻으

---

9) 옛 선사들이 문답 때 토로한 말이니, 그것을 초점으로 하여 마음을 집중하도록 임제종 계통에서 가르치는 것. '정전 백수자' 따위. 화두.
10) 보살 수행의 여섯 덕목. 보시·지계·인욕·정진·선정·지혜. 즉 육바라밀.
11) '장엄'은 수식이라는 뜻. 진수가 아니라 겉치레만 하는 불교라는 뜻.
12) '불사'란 불교 의식. 의식뿐인 생명 없는 불교.

면, 그때 존재는 남김없이 진상을 드러내게 된다는 것이다. 그리스 인은 진리(aletheia)를 '가려진 것으로부터 가린 것을 제거한 상태'라고 본다. 그것과 비슷한 점도 있으나, 또 다른 점도 있다. 선사들에 의하면 가려진 것은 존재가 아니라 인간 쪽이다. 『벽암록』에서는 말한다.

"옛 사람은 말했다. 법(존재)은 자기를 가리지 않으며, 고금에 걸쳐 언제나 드러나 있다."

나는 이것을 동양적 자연주의라고 부르고 싶다. 거기서는 진리의 기준은 다만 자연 자체의 여실한 상태, 즉 제법(諸法)의 실상(實相)일 뿐이기 때문이다. 그들이 그 깨달은 바를

"버들은 푸르고 꽃은 붉다."

고 표현하는 것도 이때문이다. 그것은 이미 연기의 이법(理法)을 직관적으로 파악하여 공(空)이라고 표현한 반야 사상가들의 직관주의와도 다르다.

그들이 아직도 추상적인 데 대해 이것은 완전히 구체적이기 때문이다. 그렇다면 선승으로서야 지관타좌 외에 다른 할 일이 있을 리 없다.

일일 부작(一日不作)이면 일일 불식(一日不食)

그러나 또 하나 덧붙여야 할 일이 있다. 그것을 사람들은 간과하고 있지나 않을까?

이를테면 『무문관』의 일절에 '조주 세발(趙州洗鉢)'이라는 것이 있어서, 이렇게 말한다.

"조주에게 중이 물었다.
'나는 절에 들어온 지 얼마 되지 않은 사람입니다. 스승께서 가르쳐 주시기 바랍니다.'
조주가 말했다.
'죽은 먹었느냐, 안 먹었느냐?'
중이 말했다.
'먹었습니다.'
조주가 말했다.
'발우를 씻어 오너라.'
그 중은 짚이는 데가 있었다."

가볍게 읽어 넘기면 그것은 아무렇지도 않은 일상 생활의 한 대목으로 느껴질 것이다. 그러나 선종에서는 거기에다 비상한 중점을 둔다.

나는 그것을 생활적 현실주의라 불러, 선을 지탱하는 또 하나의 기둥이라고 치는 바이다. 불교는 본래 출가의 길이며, 그러기에 그 생활은 한 개의 발우에 의탁되고 있을 뿐이다. 그러므로 불교는 인간 생활을 떠난 비현실적인 종교인 것처럼 이해되고 있다. 그것을 선승들은 아주 가까운 생활 속으로 끌어당겨서, 차를 마시고 밥을 먹는 일상적인 행동에 연결시킨 것이다. 임제는 어느 날 대중에게 이렇게 말한다.

"불교에는 용공처(用功處)가 없다. 다만 평상 무사(平常無事), 똥을 누고 오줌을 누고 옷을 입고 밥을 먹고, 피곤하면 누울 뿐이다. 어리석은 사람은 나를 웃으려니와, 지혜 있는 이는 이것을 알 것이다."

그것은 인도의 불교인들이 생각조차 해본 일이 없는 생활의 지혜임에 틀림없다. 산다는 사실이 지니는 무거운 의미의 인식이라고도 할 수 있으리라. 중국인들은 그것을 누구보다도 명확히 파악하고 있던 민족이다. 그 정신은 백장 선사(百丈禪師)의 "일일 부작(一日不作)이면, 일일 불식(一日不食)"이라는 말 속에 적극적으로 표현되어 있다. 또는 송(宋)으로 건너간 젊은 도겐(道元)을 앞에 앉히고, 전좌(典坐)의 직분(자리를 치고 밥을 짓는 소임)이 갖는 무거운 의미에 대해 말한 천룡산(天龍山)의 늙은 전좌의 말 속에도 나타난다.

이리하여 지관타좌를 표방하는 사람들은 일어나서 뒷밭에 나가 괭이를 휘두르고, 소매를 걷고 쌀을 씻으며, 위의를 갖추어 죽을 먹는다. 거기에는 별로 눈을 끌지는 않아도, 매우 중요한 이 종파의 특징이 있다. 그리고 여기에 이르면 그것은 이미 중국 불교 이외의 것일 수는 없다.

5. 경전과 종파

초기 경전의 성립
자비

불교 경전은 팽창한다

 불교 경전의 성립에 대해 말하기에 앞서, 그 성격의 일단을 말해 두고자 한다. 그것은 불교 경전이 무한히 팽창한다는 사실이다.
 지금 내 옆에는 『대정신수대장경』이 있고, 또 『남전대장경』이 있다. 전자는 100권, 후자는 70권이다. 거기에 담긴 것을 전자에 대해 말한다면, 3,053부, 11,970권이라는 계산이 나온다. 경전의 그런 방대한 수효는 불교를 연구하는 우리로서는 큰 부담이 아닐 수 없다. 이런 점에 대해, 나는 언젠가 친구인 기독교 학자로부터 동정하는 말을 들은 적이 있다. 그의 말은 이러했다.

"기독교에서 카논(正典)이라고 일컬어지는 것은 구약 성경과 신약 성경뿐이어서, 그 분량은 그리 많지가 않다. 어떤 학자가 계산한 바에 의하면, 현장(玄奘)이 번역한 『대반 열반경』 600권에 비길 때, 신·구약의 분량은 그 25분의 1밖에 되지 않는다고 한다. 그렇다면 그 방대한 것을 읽어야 하는 불교 학자는 참으로 딱하다."

그러나 그의 동정이 반드시 옳다고는 보기 어려운 점이 있다. 우리라고 해서 대장경을 모두 읽어야 할 필요는 없고, 기독교 학자라 하더라도 신·구약의 성서만 읽으면 되는 것도 아닐 터이다. 그들도 또한 아우구스티누스의 『신의 서울(De civitate, Dei)』도 읽어야 하고, 토마스 아퀴나스의 방대한 『신학 대전(Summa theologica)』도 읽어야 할 것이다. 또는 발트를 비롯한 현대 신학자들의 저서도 뒤적이지 않을 수 없을 것이다. 그리고 불교의 대장경은 붓다의 가르침과 계율만이 아니라, 다시 후대에 제작된 대승의 여러 경전을 비롯하여 뛰어난 불교 사상가의 저서나 주소까지도 모두 수록함으로써 그런 엄청난 분량을 이루고 있는 바이다. 결국 불교 경전과 기독교 카논의 차이는 그 분량에 있는 것이 아니라, 도리어 무엇을 카논이라 하고 무엇을 경전이라 보느냐 하는 데에 있지 않을까?

기독교에서 일찍부터 카논(Canon)과 아포크리파(Apocrypha), 즉 정전(正典)과 경전 외의 성스러운 책을 구분하여 현재의 구약 성경과 신약 성격이 정전으로서의 지위를 차지한 이래, 지금

껏 어떠한 책도 그 성스러운 지위를 엿보는 일이 허락되지 않는다. 앞으로도 결코 허용되는 일이 없으리라. 그러나 불교에서는 경전의 지위가 그렇듯 독점적인 것일 수 없다. 오늘날 대장경 속에 수록되어 있는 것은 결코 붓다의 가르침과 계율만이 아니며, 또 인도의 선현들 손으로 이루어진 저술만도 아니다. 중국이나 일본의 저서도 엄연히 그 속에 끼어 있다. 따라서 대장경은 간행할 때마다 늘어나기 마련이다. 일찍이 당(唐)의 개원(開元) 18년(730)에 이루어진 『개원석교록(開元釋敎錄)』에 올라 있는 것은 1,076부 5,048권이나, 그 후 간행될 때마다 수효가 늘어나서는 그 최신의 것인 『대정신수대장경』에 오자, 앞에서도 말한 것처럼 3,053부 11,970권에 이르게 된다.

나는 이런 것을 그저 문헌학적인 입장에서 논하고 있는 것은 아니다. 이런 불교 경전의 양상은 결국 불교 자체의 양상을 매우 구체적으로 보여 준다는 사실을 지적하고 싶은 것이다. 그것을 단적으로 말하면 불교는 붓다에서 그치지 않는다는 결론이 될 터이다. 붓다라는 근원으로부터 흘러나온 불교라는 이름의 강물은 하고많은 세월을 흐르고 흘러 동양의 여러 지역에 번져 현대에 이른다. 그 사이에 불교는 온갖 흐름을 스스로 섬겨서 여러 가지 유파를 형성한다. 대승도 그것이요, 선도 그것이요, 염불도 그것이다. 불교는 그런 것들의 총칭이며, 불교의 경전은 그것들을 그대로 구현하고 있는 셈이다.

이 강물은 다시 오랜 세기에 걸쳐 흘러갈 터이다. 그리고 우리도 또한 그 흐름 속에 몸을 맡기고 불교인으로서 살아가고 있다.

생각건대 앞으로도 불교는 끊임없이 새로운 경전을 생산해 낼 것이다. 지금 내가 무엇보다도 중점을 두어 말하고 싶은 점은 이 것이다. 오늘날의 불교인들이 경전에 대해 논할 때, 흔히 언급되는 바가 경전을 현대어로 옮기는 일 따위이다. 그것에 의해 낡은 경전이 쉽게 현대 사람들에게 읽히는 것도 물론 좋은 일임에 틀림없다. 나 역시 그런 일에 깊은 관심을 가진 적이 있다. 그러나 이제 와서 생각하니 더 중요한 일이 있는 듯하다. 불교가 아직도 새로운 에너지를 가지고 생명을 지속할 수 있다면, 현대에서도 또한 새로운 경전을 생산해야 하리라. 끊임없이 팽창해온 경전의 역사가 그것을 시사해 주고 있는 것이다.

최초의 경전 편집 회의

경(經)이라는 말은 sutta(Pāli) 또는 sūtra(Skt.)의 역어이다. 그 것은 본디 '실' 또는 '노'를 뜻하기 때문에, 중국의 역경승들은 '경(經)'으로 이 말을 나타낸 것이다. 그리고 실로 진리의 말씀을 꿰어 아리따운 교법(敎法)의 꽃다발을 만드는 것이 경이라고 풀이한 주석도 있다. 그러나 이 말은 반드시 불교에서만 쓰인 것은 아니며, 널리 단문(短文) 또는 금언(金言)을 모은 책을 가리키는 말로 사용되어 온 것이 사실이다. 아마도 붓다의 제자들 역시 스승의 가르침의 요점을 간추려 텍스트를 만들고, 그것을 '수타' 즉 경이라고 일컬은 것으로 생각된다. 그러기에 초기의 경들은 대개 짧으며, 또 기억하기 쉽도록 배려된 느낌을 준다.

그러면 초기의 경전은 어떻게 편집되었을까? 그 소식은 다음과 같이 전해 오고 있다. 붓다가 저 사라(沙羅) 쌍수(雙樹) 밑에서 돌아가신 직후, 마하 카사파(迦葉) 일행은 스승의 뒤를 따라 같은 길을 북상한다. 그 도중에서 그들은 한 외도(外道)를 통해 붓다의 죽음을 알게 된다. 그때 많은 비구들이 탄식하고 슬퍼하는데, 유독 늙은 비구는

"벗이여, 슬퍼하지 말며, 근심하지 말라. 우리는 이제 저 대사문(大沙門 ; 붓다를 가리킨다)으로부터 벗어날 수 있게 되었다.
'이는 너희에게 허락한다.' '이는 너희에게 마땅치 않다.' 하여 우리는 괴로움을 받았고, 압박을 당해 왔다. 그러나 이제 우리는 하고 싶은 일은 하고, 하고 싶지 않은 일은 하지 않아도 좋게 되었다."

고 방약무인한 폭언을 퍼부었다. 마하 카사파는 그 폭언을 잠자코 듣고 있었으나, 이윽고 붓다의 장례식이 끝나자, 동료인 비구들에게 이렇게 제안했다.

"벗들이여, 우리는 마땅히 교법(敎法)과 계율을 결집하여, 비법(非法)이 일어나 정법(正法)이 쇠하고, 비율(非律)이 일어나 정률(正律)이 망하며, 비법을 설하는 이가 강하고 정법을 설하는 이가 약하며, 비율을 설하는 이가 힘을 얻고 정률을 설하는

이가 힘을 상실하는 일이 없도록 해야 되겠소."

"그렇다면 벗이여, 결집을 위해 필요한 비구들을 선택하십시오."

이리하여 붓다가 돌아가신 지 얼마 안 되어 그 가르침을 결집하는 사업이 제자들에 의해 착수된다.

여기서 결집(結集)이라고 하는 말의 원어는 saṃgaha 이다. 그것은 '모으는 것' 즉 편집의 뜻이거니와, 그 일의 내용은 오늘의 편집과는 성질이 다르다. 아직도 그런 일에 글자를 사용할 줄 몰랐기 때문이다. 그것은 목소리를 같이하여 외는 것에 의해 모인 사람들 모두가 같은 말로 기억한다는 형식으로 실시된다. 그러기에 결집은 또 합송(合誦 : saṃgīti)이라고도 일컬어진다.

그런 편집 회의를 위해 마하 카사파에 의해 선출된 비구는 500명에 달한다. 그들은 각처로부터 라자가하(王舍城)에 모여들어, 베바라 산록의 판니구하(七葉窟)에서 집회를 연다. 결집에서 마하 카사파가 상좌에 앉아 의장으로서 두 명의 송출자(誦出者)를 선택한다. 아난다(阿難)와 우파리(優波離)가 그들이다. 아난다는 오랫동안 붓다의 시중을 들어 왔으므로, 스승이 어디서 누구에게 어떤 가르침을 설했는지 누구보다도 잘 안다. 또 우파리는 '지율(持律) 제일'이라고 일컬어진 사람이어서, 계율에 관해서는 가장 정통한 것으로 되어 있다. 마하 카사파는 이 두 사람을 선출하여 각각 교법과 계율에 대해 대략 다음과 같은 식으로 문답을 진행한다.

"승가(僧伽)여, 내 말을 들으시라. 승가로서 시기가 적당하다면, 장로 아난다에게 교법을 묻고자 하오."

"승가여, 내 말을 들어 달라. 승가로서 시기가 적당하다면, 나는 장로 마하 카사파의 교법에 대한 질문에 대답하려 하오."

"벗 아난다여, 세존의 첫 설법은 어디서 이루어졌소?"

"벗 마하 카사파여, 나는 이렇게 들었소. 어느 때 붓다께서는, 바라나시의 이시파다나 미가다야(鹿野苑)에 계셨소……."

그것은 엄숙하고도 감명 깊은 정경이었을 것임에 틀림없다. 특히 붓다의 첫 설법의 경위와 내용이 외어질 때는 자리를 같이한 장로 비구들이 모두 눈물을 흘리며 그 자리에 엎드렸다고 한다. 한 자료(『십송률』60 오백비구결집삼장법)에 의하면 모든 경이

"이같이 나는 듣자왔다. 어느 때 붓다께서는……."

이라는 양식으로 시작되고 있는 것은 이때 아난다의 송출의 말에서 유래한다는 것이다. 어쨌든 그렇게 하여 붓다의 교법과 계율이 이 두 명의 송출자에 의해 재현(再現)된다. 그리고 그것이 열석한 비구들의 검토를 거쳐 확인되면, 이빈에는 그것을 전원이 합송(合誦)한다. 이런 합송을 통해, 그것은 각자의 기억 속에 일정한 형태로 간직되어 간 것이다. 그것이 그들의 편집 양식이었다고 한다.

초기 경전의 현형(現形)

경전의 결집이 문자로서가 아니라 기억에 의존되었다는 것은 현대의 우리들에게는 매우 불안하게 생각될 터이다. 하지만 그것은 어디까지나 우리의 유추(類推)에 불과하다. 고대인의 정신 생활에서 기억은 우리의 그것처럼 보잘것없는 것이 아니며, 또 상상 이상으로 중대한 구실을 다했다. 일찍이 플라톤은 그의 저서 『파이드로스(*Phaidros*)』 속에서

"책은 기억보다도 망각을 가져온다."

고 말한 바 있거니와, 우리의 정신 생활에서 기억은 원래 지니고 있던 적잖은 기능을 잃고 변질해 버린 것이 사실이다. 그리하여 기억은 이제 개념의 논리적 추고에 의해 얻어진 결과를 기록한다는 종속적인 구실을 겨우 감당하고 있을 뿐이다. 그러나 이와는 달리 고대인의 정신에서 기억은 더 모사적(模寫的)이고 구체적이며 또 이상하리만큼 발달되어 있었던 듯하다. 더욱이 고대 인도의 바라문이나 사문의 '기적적인 기억력'은 고도로 훈련된 것으로 보인다. 그렇지 않던들 저 정연한 베다(吠陀)나, 브라마나(梵書)나, 우파니샤드나, 그리고 초기 불교 경전의 존재는 전혀 생각할 수 없을 것이기 때문이다.

그들 기억력만 그렇게 고도로 발달한 것이 아니다. 경전의 내용 또한 기억에 편리하도록 잘 정비되어 있다. 이것은 오늘날까

지 전해지는 초기 경전을 검토할 때, 누구나 알 수 있는 사실이다. 이미 말한 바와 같이 그것들은 모두

"이렇게 나는 들자왔다. 어느 때 붓다께서는……."이라는 상투적 문구로 시작되어, 그 장소·참석자·설법의 연유 같은 것이 틀에 박힌 듯 서술된 다음에 그 본문으로 들어가게 되어 있다. 그 까닭은 무엇이든 이렇듯 같은 형식으로 구성되어 있으면, 기억을 위해서는 매우 편리할 것임에 틀림없다.

또 이미 말한 것처럼 초기 경전이 대부분 아주 짧다는 사실은 가르침의 요점을 따서 텍스트 모양으로 정리한 탓이어서, 거기에서도 기억하기 좋게 만든 편집자의 배려가 엿보인다. 초기 경전의 도처에 끼어 있는 가타(偈 ; gāthā)의 경우도 마찬가지이다. 그것은 대부분 산문(長行)으로 서술된 교설의 내용을 다시 한 번 운문으로 요약한 것(重頌偈)인데, 그것도 기억을 고려한 것임이 명백하다. 그뿐이 아니다. 초기 경전들은 대개 짧은데도 불구하고, 그 속에는 유형적(類型的)인 구절의 반복이 많이 보인다. 이를테면 최초의 설법에 대해 서술한 『여래소설(如來所說)』에는

"눈을 뜨게 하고, 지혜를 생기게 하며, 직징(寂靜)과 증지(證智)와 등각(等覺)과 열반에 도움이 된다."

는 구절이 세 번 되풀이되고, 또

> "눈을 뜨게 하고, 지(智)를 생기게 하고, 혜(慧)를 생기게 하고, 명(明)을 생기게 하고, 광명을 생기게 한다."

는 문구가 열 두 번이나 되풀이된다. 우리가 읽기에는 지리해도, 기억해야 하는 사람들에게는 편리할 것임에 틀림없으리라. 이것과 관련하여 생각나는 것은 근세 일본의 학자 모토리(本居宣長)가 불경의 문체를 논한 글이다. 그는

> "지리하게 같은 말을 길게 되풀이하는 따위는 천축(天竺: 인도)의 언어 양식인지는 몰라도, 아주 번거롭고 졸렬하다."

고 평한다. 그것은 불경이 본래 기억하고 암송하기 위해 만들어진 것임을, 적어도 거기서 기원한 것임을 모른 데서 나온 비평이라 하겠다.

하여간 붓다의 교법과 계율은 이렇게 하여 편집된다. 그것을 제일 결집(Paṭhama-saṃgaha)·제일 합송(Paṭhama-mahāsaṃgīti), 또는 오백 결집(Pañcasatika)이라고 한다. 그것은 최초의 경전 편집이었기 때문이고, 합송(合誦)을 내용으로 했기 때문이며, 그 때 편집에 참가한 사람이 오백 명의 비구였기 때문이다.

그렇게 하여 편집된 경전은 잘 전승되어 오다가, 이윽고 글자로 옮겨진다. 그 시기는 명확히 지적하기 어렵거니와, 오늘날의 팔리 어 경전의 원형이 기록된 것은 대략 기원 전 1세기 전반이었을 것으로 추측된다. 그것들은 다시 몇 번의 증대(增大)와 변

화 과정을 거쳐서 오늘까지 이른 것이지만, 그 현존하는 형태를 실론 소전(所傳)의 '팔리 5부 (Pañca-nikāya)' 및 중국 소전의 '한역 4아함'에서 보인다면 다음과 같이 된다.

1) 팔리 5부
 a. 장부(長部) 경전(Dīgha-nikayā) 34경(經)
 b. 중부(中部) 경전(Majjhima-nikayā) 152경
 c. 상응부(相應部) 경전(Saṁyutta-nikayā) 7762경
 d. 증지부(增支部) 경전(Aṅguttara-nikayā) 9557경
 e. 소부(小部) 경전(Khuddaka-nikayā) 15(分)

2) 한역 4아함
 a. 장아함경 30경
 b. 중아함경 224경
 c. 잡아함경 1362경
  c' 별역 잡아함경 364경
  c" 잡아함경 27경
 d. 증일(增一)아함경 472경

이 중에서 '팔리 5부'에 속하는 『상응부경전』과 '한역 4아함'에 속하는 『잡아함경』은 가장 원형에 가까운 경전군(群)이며, 한역에 해당하는 것이 빠진 '팔리 5부'의 『소부경전』이 한 경전군으로서 편집된 것은 훨씬 후기에 속할 것으로 생각된다.

또, 이와 병행하는 율장(律藏)은 다음과 같다.

3) 팔리율장(Vinaya-piṭaka)
4) 한역률(律)
    a. 사분율(四分律) 60권
    b. 오분율(五分律) 30권
    c. 십송률(十誦律) 61권
    d. 마하승기율(摩訶僧祇律) 40권

실론 소전(所傳)의 것은 상좌부 소속의 율(律) 하나뿐이거니와, 중국 소전의 것은 법장부(法藏部) — 사분율, 화지부(化地部) — 오분율, 살파다부(薩婆多部) — 십송률, 대중부 — 마하승기율 따위 4부 소속의 광률(廣律) 네 가지가 구비되어 있다. 광률이란 계본(戒本)[1] 외에 계목(戒目)[2]이 정해진 이유·교단의 행사·의식(儀式)의 성립 이유 같은 것이 그것에 관련된 이야기와 섞여서 기록된 것을 이른다.

어쨌든 여기에 붓다의 가르침을 전하고, 붓다와 그 제자들의 생활의 진상을 이야기하는 자료가 있는 것이다. 그리고 그것들이 후세에 와서 증대되고 부가됨으로써 원형이 왜곡되고 있음도 명백하다. 하지만 우리는 어느 것이 후세의 증대이고 부가인지를 전혀 알 도리가 없는 것은 아니다. 그러므로 그것들을 검토·

---
[1] 계율의 항목만을 나열한 것.
[2] 계본의 하나하나의 항목.

비판함으로써, 제일 결집에 의해 편집된 원형을 차차 복원해 갈 수도 있는 것이겠다. 그럼으로써 우리는 마침내 초기 불교의 정신과 생활을 진상 그대로 파악할 수도 있을 것이라 생각된다.

후기 경전의 생산

내가 죽은 다음의 스승

『대반 열반경』은 붓다의 마지막 여행에 대해 말하고, 크나큰 그 죽음에 대해 언급하면서 감개 깊은 서술을 한다. 그 중에 이런 구절이 있다.

"아난다여, 어쩌면 너희 중에는 이러한 생각을 하는 사람이 있을지도 모른다.
　'스승의 말씀은 끝났다. 우리의 스승은 이미 안 계시다.'
　그러나 아난다여, 그렇게 생각해서는 안 된다. 아난다여, 내가 설하고 가르친 교법과 계율은, 내가 죽은 다음, 너희의 스승으로서 존재해 갈 것이다."

그때 아난다는 붓다의 죽음이 머지않음을 알고 혼자 비탄에 잠긴다. 그것을 눈치 채신 붓다가 이 사랑하는 제자에게 주신 말씀은 의연하고도 애정이 넘치고 있다.

"아난다여, 슬퍼하지 말라. 개탄하지 말라. 나는 언제나 가르치지 않았더냐. 사랑하는 사람은 모두 마침내는 헤어져야 하느니라. 그리고 생겨난 것은 무엇이나 멸하지 않음이 없느니라."

그것은 애별리고(愛別離苦)·생자필멸(生者必滅)의 무상의 이치를 다시금 말씀한 것이다. 또 이렇게 말씀한다.

"아난다여, 너는 오랫동안 나의 시자(侍者)로서 참으로 애써 주었다. 그것은 훌륭하였다. 이제는 다시 정진하여, 속히 궁극의 목표(깨달음)를 실현하도록 힘써라."

시자로서의 긴 봉사를 칭찬하면서, 그의 대성을 기대하는 말씀이다. 그리고 이제 처음에 인용한 일절은 붓다가 돌아간 다음에는 그의 가르침과 계율이 그를 대신하여 스승이 될 것임을 밝히고 있다.

생각건대 붓다의 큰 활동은 죽음과 더불어 끝난 것은 아니다. 제자들은 결코 붓다의 재림(再臨)을 꿈꾸지는 않는다. 천상 세계에서 활동을 계속하는 붓다를 생각한 적도 없다. 그럼에도 불구하고, 붓다의 활동은 죽음 뒤에도 여전히 계속된다. 그것은 그가 설해 놓은 교법과 계율이 엄연히 "내가 죽고 난 후의 너희의 스승"으로서 존재하기 때문임에 틀림없다. 앞에서도 말한 바와 같이, 붓다가 숨진 다음 제자들이 벌인 첫 사업이 그 교법과 계율의 편집이던 것도 그때문임이 확실하다.

한 경(『중부경전』 108 구묵목건련경. 한역 동본, 『중아함경』 145 구묵목건련경)은 붓다가 돌아가신 직후의 불교 교단의 양상에 대해, 다음과 같은 이야기를 기록해 놓고 있다.

붓다가 돌아가신 지 얼마 되지 않을 때의 일이다. 아난다는 탁발하러 나선 길에 라자가하(王舍城)의 고파카 못가라나의 집에서, 마가다 국의 대신 밧사카라(雨勢)를 만났다. 두 사람은 전부터 잘 아는 사이이다. 인사가 끝나자 대신이 물은 것은 붓다가 돌아가신 후의 교단 일이다.

"아난다여, 누군가 세존이 안 계신 지금 비구들의 의지처로서 세존에 의해 지명된 사람이라도 있는가?"

"대신이여, 아무도 그런 사람은 없소."

"그렇다면 아난다여, 누군가 장로들이 인정해서 세존이 안 계신 지금의 의지처로서 추천해 놓은 사람이라도 있는가?"

"대신이여, 그런 사람도 없소."

"그렇다면 아난다여, 대체 비구들은 무엇에 의지하며, 어떻게 하여 화합해 갈 수가 있는가?"

그때 아난다가 이제야말로 자신을 가지고 의연히 대답한 말은 이러했다.

"대신이여, 우리에게는 결코 의지처가 없는 것이 아니오. 대신이여, 우리에게는 의지처가 있소. 법이 우리의 의지처로서 존재하는 것이오."

그리고 밧사카라가 그것이 무슨 뜻이냐고 물을 때, 그는 요컨대 붓다가 돌아가신 다음이라 해도 여전히 부동의 의지처로서 붓다가 남기신 교법과 계율이 엄존한다는 사실을 설명한다.

그것을 그들은 이미 제1 결집에서 확립한 것이며, 경이란 이런 것을 글자로 옮겨 놓은 것이라 할 수 있다. 말하자면 문자로 씌어진 "내가 죽고 난 후의 너희의 스승"임에 틀림없다. 이리하여 붓다가 안 계신 교단에서 붓다를 대신하여 그 중심이 된 것은 붓다가 남기고 가신 가르침, 즉 경임이 확실하다. 그리고 불교 역사의 전환에서 가장 큰 구실을 한 것도 대개는 경이었다.

분파의 시작

"처음의 백 년 동안에는 아무런 분열도 없었으니, 다음 백년에 들어서자, 붓다의 교단 내에서 열 일곱 개의 분파가 생겼다."

불교 교단의 분파의 시작에 대해 『디파밤사(Dīpavaṁsa)』는 이렇게 말하고 있다. 이 문헌은 실론 소전의 불교를 중심으로 해서 기록된 일종의 불교사여서, 그 입장은 어디까지나 정통파인 상좌부의 것이다. 거기에서는 제2 결집의 소식을 대략 다음과 같이 전하고 있다.

이미 말한 바와 같이 붓다가 돌아가신 지 백 년쯤 된 무렵, 베사리에 거주하는 비구들이 열 항목에 걸친 계율의 새로운 해석을 주장한 것에서 사단이 발생한다. 그 대부분은 사소한 일들이어서, 이를테면 '기중염정(器中鹽淨)'이라 하여 율에서는 원래 비구들이 어떠한 음식이라도 보관하는 것을 허용하지 않던 것을 발우 속에 소금을 간직하는 것만은 인정될 수 있다는 새로운 해석, 또 '양지정(兩指淨)'이라 하여 비구의 식사는 정오까지로 정해져 있던 것을 집게손가락과 긴손가락 사이를 해가 서쪽으로 기울 때까지는 허용되어야 한다는 새로운 해석 따위이다. 오직 중요한 것은 아마도 '금은정(金銀淨)'이라 하여 엄하게 금지되어 있던 보시받는 것을 어떤 제한 밑에 허용하라고 주장한 일일 것이다. 어쨌든 이런 열 가지 항목을 판정하기 위해, 베사리의 바리카(婆利迦) 동산에 700명의 장로급 비구들이 모여 이것들을 모두 비법이라고 판단한다.

그런데 이 제2 결집이 기연이 되어 이른바 대합송(大合誦, Mahāsaṃgīti)이라는 별도의 회합을 유발함으로써, 대중부(大衆部, Mahāsaṃghika)라는 분파가 생겨나기에 이른 것이다. 즉 700명의 장로급으로부터 비법이라는 판정을 받은 비구들은 그것에 승복하지 않고 저희끼리 도당을 모아 1만 명이나 되는 사람들이 모여 별개의 집회를 가지는데, 그것이 마침내 대중부라는 부파로까지 나아간 것이다. 이것이 불교 교단에서의 첫 분파이다. 그런데 이 대합송의 비구들의 행위에 대해 『디파밤사』는 다음과 같이 서술하고 있다.

"대합송의 비구들은 정법(正法)에 어긋나는 교법을 결정했다. 근본이 되는 집록(集錄)을 파괴하고, 다른 집록을 작성했다. 그들은 어느 곳에 집록된 경을 다른 곳으로 옮겼다. ……그들은 심심(甚深)한 경과 율의 일부를 버리고, 유사한 경과 율 내지는 별개의 그것을 만들었다. ……그들은 명사·성(性)·조사(措辭)·문체의 수식에 관한 원칙을 버리고 그 모두를 개작하였다."

그 서술은 그들의 분쟁의 논점(論點)이 어디에 있는지를 나타내고 있다. 상좌부의 장로들이 엄격하게 전통을 고수하고자 하는 입장을 취한 데 대해, 대중부의 비구들은 오히려 시대의 움직임에 순응하여 전통을 변경시키려는 입장을 취한다. 그런 입장의 차이는 사상의 영역에서나 실천의 영역에서나 여러 가지 문제를 내포하고 있다. 그러나 그 역사적 시점에서의 그들의 의견 차이는 명백히 경 자체에 초점을 두고 있다. 그것을 앞에 인용한 『디파밤사』의 기록은 유감 없이 말해 준다. 거기에는 대중부의 비구들이 새로운 집록을 만들었다느니, 편집의 일부에 변경을 가했다느니, 또는 문법이나 문체의 원칙을 버렸다느니 하는 기록이 있는데, 그것은 경의 견지와 변경을 둘러싸고 신구 사상의 충돌이 일어남으로써 마침내 분파를 낳기에까지 이른 역사적 사실을 반영하는 것이다.

어쨌든 이로써 불교 교단 안에 분열이 일어나는데, 그것은 대체로 붓다가 돌아가신 지 백여 년이 경과한 무렵의 일이다. 그리고 그로부터 얼마 동안은 마치 연쇄 반응처럼 꼬리를 물고 분파가 생겨난다. 상좌부 안에서도 분열이 일어나고, 대중부 속에서도 분열이 발생한다. 『디파밤사』의 기록에

"붓다(勝者)의 가르침 속에 열 일곱 개의 이파(異派)가 생겼다."

고 한 것이 그것이다. 단 이 문헌은 이미 말한 바와 같이 상좌부의 것이어서, '열 일곱 개의 이파' 중에 상좌부는 포함되어 있지 않으므로 그것까지 넣는다면 18부가 된다. 그것을 따지자면 상좌부 계통이 12부, 대중부가 6부이다.

a. 상좌부(Theravāda) 화지부(化地部, Mahiṁsāsaka), 독자부(犢子部, Vajjiputtaka), 법상부(法上部, Dhammuttarika), 현주부(賢胄部, Bhadrayanika), 육성부(六城部, Chandagārika), 정량부(正量部, Sammiti), 설일체유부(說一切有部, Sabbatthavāda), 법호부(法護部, Dhammagutta), 음광부(飮光部, Kassapika), 설전부(說轉部, Saṁkantika), 경설부(經說部, Suttavāda)

b. 대중부(Mahāsaṁghika) 우가부(牛家部, Gokulika), 일체부(一切部, Ekovyahārika), 다문부(多聞部, Bahulika), 설가부(說假部, Paṇṇattivāda), 제다산부(制多山部, Cetiyavāda)

이것들을 '남전(南傳) 18부'라고 한다. 여기에 대해 한역 문헌(이부 종륜론)의 기록은 분파의 발단이 된 사건에 관해서도 설명을 달리하고, 또 분파의 수효에 대해서도 상좌부 계통으로 11부, 대중부 계통으로 9부를 들고 있어 다음과 같다.

a. 대중부 일설부(一說部) · 설출세부(說出世部) · 계윤부(鷄胤部) · 다문부(多聞部) · 설가부(說假部) · 제다산부(制多山部) · 서산주부(西山住部) · 북산주부(北山住部)
b. 상좌부 설일체유부 · 독자부 · 법상부 · 현주부 · 정량부 · 밀림산부(密林山部) · 화지부 · 법장부(法藏部) · 음광부 · 경량부(經量部)

이것들을 '북전(北傳) 20부'라고 한다. 그리고 이런 부파들의 대립 시대를 학자들은 '부파 불교 시대'라 일컫는다. 하지만 이런 부파 대립의 시대라고 해서, 그들이 저마다 별개의 경전을 가지고 있던 것은 아니다. 현재 우리가 그들 모든 부파 소유의 경에 대해 알고 있는 것은 아니지만, 4아함 또는 사부―소부(小部) 제외―의 조직은 이미 부파 이전부터 존재한 것이 명백하며, 그 편집 양식을 어느 부파거나 그대로 따른 것으로 생각된다. 또 현존하는 경전군과 대조해 보아도 그 차이는 결코 근본적인 것은 아님을 알 수 있다.

대승 경전의 여러 문제

그런데 기원 전후에 걸쳐 대승이라는 새로운 물결이 높아지자 상황은 크게 달라진다. 대승 불교의 출현에 대해서는 이미 말한 바 있거니와, 그 활동의 중심은 새로운 경전의 제작에 있던 것이 명백하다. 새로운 경들이 새로운 목표를 내걸고, 새로운 이상을 표방하고, 새로운 방법을 제시하고, 새로운 주장을 새로운 문학 형식에 담아서 꼬리를 물고 잇달아 생산된다. 그것들은 초기 불교인들이 전혀 알지 못한 사실이며, 제1 결집의 비구들과는 전혀 관련 없는 일이다.

대승 경전도 역시 모두가 "이같이 나는 들자왔다."라는 말로 시작된다. 그것이 전승되어 온 붓다의 말씀임을 표방하는 말이다. 그러나 그것이 뜻하는 바는 팔리 5부나 한역 4아함의 여러 경의 그것과는 거리가 멀다. 붓다가 돌아가신 직후 그 교법이 편집될 때에는

"이같이 나는 들자왔다.(Evam me sutaṃ)"

라는 서두의 말은 문자 그대로의 뜻을 지닌다. 결집에 참석한 비구들 중에는 일찍이 붓다에게서 친히 가르침을 받은 교법이 이

제 여기에서 재현되고 편집되는 데에 감개의 정을 누를 수 없는 나머지 엎드려서 울음을 터뜨린 사람들도 있다고 한다. 그러나 이제 대승 경전에서 이 구절이 뜻하는 바는 문자 그대로의 것일 수는 없다. 그것을 대승 사상가 자신의 말로 이야기한다면 이렇게 된다. 대승 경전 중에서 가장 일찍 성립한 것은 앞에서도 말했듯이 반야부(般若部)의 경전들이라고 추측된다. 나가르주나(龍樹)는 대품반야 즉 『마하반야바라밀경(Mahāprajñāpāramitā-sūtra)』을 주석하여 『대지도론(大智度論, Mrahāprajñāpāramitā-śāstra)』100권을 저술하는데, 그 제1권에서 그는 "이같이 나는 들자왔다."라는 문구를 풀이하여 다음과 같이 기록하고 있다.

"물어 가로되, 부처님의 여러 경은 무엇 때문에 처음에 '이같이' 라는 말을 쓰는가?

대답하기를, 불법의 대해는 신(信)을 능입(能入)[3]으로 하고, 지(智)를 능도(能度)[4]로 삼는바, '이같이' 라 함은 곧 신(信)이니라."

거기서는 이미 그것은 글자 그대로의 들은 바를 고백하는 말이 아니라, 신앙의 표현이라고 이해되어 그것이 경전 형식의 도입부가 된 것이라고 밝혀져 있다. 그런데 대체 어떤 대승 경전이 언제 어디서 누구의 손으로 생산되었는지에 대해서는 아직 정연

---

3) 들어가는 당체(當體).
4) 건너가는 당체.

한 역사적 정리의 결과를 가지고 명백히 가려 말할 수 있는 단계에 도달해 있지 않다. 그 이유는 여러 가지이되, 중요한 것을 든다면 다음 몇 가지라고 할 수 있을 터이다.

첫째는 대승 경전도 또한 그 내용이 붓다에 가탁(假託)하여 서술되고 있다는 점이다. 따라서 이제 말한 것과 같은 도입부로 시작되고, 진짜 작자는 끝내 그 배후에 숨어 있기 마련이어서 모습을 나타내는 일이 없다. 여기에는 전혀 예외가 없다. 그러므로 우리는 대승 경전의 진짜 작자에 대해서 아마도 영원히 알 수가 없으리라고 생각된다.

둘째로는 아직까지 발견된 산스크리트 원본이 그리 많지 않다는 사실이다. 대승 경전들은 기원 전 2세기 후반부터 기원 후 6·7세기에 이르는 동안에 걸쳐 계속 만들어진다. 그러나 기원 700년대에 들어서자 인도의 불교는 점차 쇠미해지고, 10세기 이후에는 엄격한 의미에서의 불교인은 찾아볼 수 없게 된다. 그리하여 인도에 있던 원본들은 대개가 없어지고, 근대에 와서 그나마 몇 가지가 학자들의 손에 의해 발견된 형편이다. 이런 사실이 연구자에게 큰 장애가 될 것은 말할 나위도 없다.

셋째로는 중국의 불교학자들이 오랫동안 그릇된 전제 위에 서 있던 것을 지적해야 하리라. 즉 그들은 대승 경전 모두가 붓다의 '금구 직설(金口直說)'의 것이라 생각하여, 조금도 의심하려 들지 않는다. 일본의 불교학자 역시 그 영향을 그대로 받는다. 그런데 인도 불교의 쇠멸 이후 대승 경전을 가장 많이 보유하고 또 연구한 이들이 중국의 불교인이요, 일본 불교인임은 새삼 말할 것조차 없다. 그러한 그들의 연구란 것이 모두 지금 말한 바와 같은 그릇된 전제 위에 서 있는 처지이므로, 대승 경전의 역사적 성립의 과정 따위와 같은 문제는 전혀 고려도 되지 않는다.

이 그릇된 전제를 뒤엎어서 불교 경전에 관한 새로운 문헌 비판의 길을 개척한 것은 도미나가(富永仲基, 1715~1746)라는 학자의 저서 『출정후어(出定後語)』이다. 그는 오사카(大阪)의 민간 학자로서 우연한 기회에 불교 경전을 읽다가 의문을 느끼게 되어, 언어학적 방법을 사용해서 그것이 역사적 성립임을 논증한 것이다. 이른바 '대승비불설론(大乘非佛說論)'의 효시이다. 단 대승비불설이란 약간 어폐가 있는 말이나, 그는 어디까지나 그 경전들이 각각 역사적으로 성립했음을 논증한 것뿐이다. 그것들이 지니는 불교 경전으로서의 가치를 부정한 것은 결코 아니다. 다만 그때까지 대승 경전을 붓다가 직접 설법한 것이라고 믿어 의심하지 않던 사람들로서는 그의 논증이 충격적이었을 것임에 틀림없다.

따라서 그 무렵의 일본 불교학자들은 온 힘을 기울여 그의 논증을 뒤집으려 하지만, 아무도 그렇게 하지 못한다. 그뿐 아니라 이윽고 근대 불교학의 연구 성과가 그의 학설의 정당성을 입증하여, 오늘에 와서는 이미 대승 경전의 역사적 성립을 의심하는 사람은 없다. 이제 많은 학자들은 어떠한 대승 경전이 언제 어느 곳에서 성립했는지를 파악하기 위해서 노력하고 있다.

요컨대 대승 경전들은 결코 붓다의 사상과 실천을 그대로 전하는 것이라고는 볼 수 없다. 그렇다고 하여, 그것들이 불교인에게 일고의 가치도 없는 것이냐 하면 결코 그렇지는 않다. 아마도 그들 대승 경전 제작자들은 이것이야말로 붓다 정신의 진수를 나타내는 것이라는 자신을 가지고 펴냈을 것임에 틀림없으리라. 또 그것들이 발휘한 역사적 구실로서 논한다면, 불교 역사의 커다란 부분은 그들 대승의 여러 경전을 중심으로 해서 전개된 것이다. 우리가 이러한 역사적 사실을 전적으로 무시할 수는 없을 터이다. 그러면 중국과 일본에서 벌어진 역사적 사실에 입각하여, 다시 대승의 여러 경전에 대해 말을 계속해야 되겠다.

한역(漢譯) 경전의 구실

중국인의 경전 번역 사업

불교를 받아들인 민족들 중에는 그 경전을 그대로 받아들인 민족도 있고, 또 그 경전을 자기네 말로 번역하여 받아들인 민족도 있다. 우리는 전자의 대표로서 실론의 불교를 들 수 있고, 후자의 표본으로서는 중국의 불교를 들 수가 있을 터이다. 그리고 일본의 불교는 중국인들이 자기네 언어로 옮겨 놓은 것, 즉 한역 경전을 그대로 받아들여서 오늘에 이름은 누구나 아는 바이다. 그 한역 경전에 대해 잠깐 말하고자 한다.

중국에서의 불교 경전 번역 사업은 결코 중국인들만의 힘으로 수행된 것은 아니다. 거기에는 서역 여러 나라의 학승(學僧)이 참가하며, 또 인도의 학승들도 협력한다. 말하자면 동양의 총력을 들이고, 동양의 열정이 온통 집중된 것이라고 볼 수 있다. 그리고 이렇게 하여 이루어진 이 번역 사업은 인류의 긴 역사 속에서 그 유례를 볼 수 없는 정도의 것이다. 그 양이나 질로 보건대 말이다.

그 양에 대해서는 앞에서도 언급한 바 있거니와, 나는 일찍이 에스틀린 카펜터(Estlin Carpenter)의 『불교와 기독교(*Buddhism and Christianity, 1923*)』를 번역하면서 다음과 같은 1절에 부딪쳐서 놀란 일이 있다.

> "일찍이 예롬(Jerome, 346~420)은 베들레헴의 한 방에 칩거하여 히브리 어로 된 구약 성경을 라틴 어로 번역하였다. 이른바 『불가타(*Vulgata*)』가 그것이거니와, 그런 대사업도 저 현장(玄奘)이 『대반야바라밀다경』을 번역한 것에 비긴다면 그야말로 어린애의 장난에 지나지 않는다. 현장의 그 번역은 성서 전체의 한 25배나 된다."

현장이 번역한 일부분을 가지고 따진대도 이렇다면, 몇 세기에 걸쳐 정력적으로 행해진 그 번역 사업의 총량은 대체 어디에서 그 유례를 찾을 수 있을까? 또 최신 전적(典籍)의 양상을 가지고 말한다면, 저 방대한 『대정신수대장경』 100권에 수록된 것들 또한 대부분은 번역 사업의 성과임에 틀림없다. 따라서 오늘날도 여전히 우리들은 이 번역의 성과를 제쳐 놓고는 불교를 연구할 수 없을 것이 확실하다. 더욱이 대승 경전에 관해 논하는 경우에 그런 것이다. 이미 말한 바와 같이 대승 경전의 산스크리트 원전은 아직도 얼마 발견되지 않은 까닭이며, 한편으로 실론 소전의 팔리 3장은 그 속에 대승 경전을 전혀 포함하고 있지 않기 때문이다.

다음으로 그 질에 대해서는 일률적으로 말할 성질이 아니지만, 먼저 성격이 완전히 다른 인도의 언어를 중국의 그것으로 바꾸는 일이 얼마나 곤란했을까를 생각하지 않으면 안 될 것이다. 언어학적으로 말한다면 산스크리트와 팔리 어는 인도유럽어족(印歐語族, Indo-European family)에 속하는 반면, 중국어는 시나티벳어족(Sino-Tibetan family)에 속한다. 따라서 인도어는 어미굴절(屈折) 현상을 나타내지만, 중국어는 단음절로 되어 있다. 또 표기에 관해 말한다면 인도 문자가 표음 문자인 데 대해, 중국의 그것은 표의 문자이다. 이러한 언어학적 거리가 있는데다가, 불교가 접근시킬 때까지 두 민족은 정치·경제·문화적인 교섭이 거의 없다. 이런 사정 밑에서 불교라는 고도의 사상을 표현한 문헌을 한 언어로부터 다른 언어로 옮겨 놓는 사업이 얼마나 곤란했을까는 상상 이상일 것임에 틀림없다.

경전 번역의 방식

그러면 그런 곤란한 사업은 어떻게 수행될까? 그 번역의 방식을 구체적으로 말하면 대개 다음과 같다.

중국인의 역경은 대략 천 년에 걸치는 긴 역사를 지니고 있거니와, 그 동안 이 사업은 흔히 제왕의 보호 아래 국가에 의해 추진된다. 이를테면 구마라습(鳩摩羅什, Kumārajīva)은 후진(後秦) 고조(高祖)의 국사(國師)가 되어 장안(長安)의 소요원(消遙園)에 거주하면서 번역에 종사한다. 현장에게는 당나라 태종이 세운 번경원(飜經院 ; 대자은사)이 제공되고, 의정(義淨. 635~713)에게는 당나라 중종(中宗)이 세운 장안의 번경원(대천복사)이 있다. 또 보리유지(菩提流志, Bodhiruci, 572~627)는 황제의 초대를 받아 낙양(洛陽)의 궁전 안에서 기거하고, 승가바라(僧伽婆羅, Saṁghavarman, 460~524)는 양도(楊都)의 화림원(華林園)에 있으면서 『해탈도론(解脫道論)』을 번역한다. 또 북송(北宋)의 태조는 역경장으로서 전법원(傳法院)을 세우고, 인경원(印經院)도 부설하거니와, 그것은 경전의 인쇄를 위해서이다. 이런 사실들은 모두 역경 일이 완전히 국가의 사업으로서 시행되었음을 나타내는 것이라 하겠다.

이런 역경장에서의 번역 사업은 오늘날의 번역과 같이 한 사람의 힘으로 행해진 것이 아니다. 예컨대 장안의 소요원에서 역경 일에 종사하는 사람이 실로 8백 명이 넘었다고 전한다. 그것은 요즘 말로 한다면, 하나의 인스티튜트를 이루고 있던 것으로 생각된다. 『불조통기(佛祖統紀)』 제43권은 역경의 구관(九官) 제도라는 것에 대해 상세히 서술하고 있다. 그것에 의해 우리는 그 사업의 구체적인 일면을 엿볼 수 있다.

그것은 송나라 역경원의 관제(官制)로서, 북송의 태조 태평흥국(太平興國) 5년(980) 6월에 역경원을 준공하여 인도 북서의 캐

시미르에서 온 천식재(天息災)가 거기에 들어가는 대목을 기술한 것인데, 거기에는 역경의 자리에 참석하는 구관과 그 구실이 상세히 나온다.

1) 역주(譯主) 정면의 좌석에 앉아, 원본의 산스크리트 문장을 낭독한다. 역자로서 번역된 경전에 그 이름이 기록되는 사람은 이 역주이다.
2) 증의(證義) 역주의 왼쪽에 앉아, 역주를 도와 산스크리트 원문을 '평량(評量)' 한다고 되어 있다. 역주와 더불어 원문의 구성이나 뜻을 검토하는 직책이다.
3) 증문(證文) 역주의 오른쪽에 앉아, 역주가 낭독하는 산스크리트 문장을 듣고, 그 글자와 발음에 관해 검토하는 직책이다.
4) 서자(書字) 산스크리트 원문의 낭독을 자세히 듣고, 그 음을 중국 글자로 나타낸다. 즉 범음(梵音)을 한자로 음사하는 직책이다. 이를테면 sūtra를 음사하여 '수다라(修多羅)'로 하는 일 따위가 그것이다.
5) 필수(筆受) 범음을 옮겨서 중국어로 만든다고 되어 있다. 서자(書字)가 음사의 단계에 있는 데 대해 한 걸음 더 나아가서 여기서는 의역이 이루어진다. 이를테면 '수다라'를 번역하여 '경(經)'이라 하는 일 따위이다. 단 여기서는 아직도 단어의 번역 단계이다.
6) 철문(綴文) 문자를 연결시켜서 구절을 이루게 한다고 되어

있다. 번역된 단어를 늘어 놓고, 그 순서를 고쳐서 중국어의 문법에 맞는 순서로 배치하는 것이다. 이를테면 필수의 단계에서는 '조견오온(照見五蘊) 피자성공견차(彼自性空見此)'라고 되어 있는 것을 여기서는 '조견오온개공(照見五蘊皆空)'이라고 하는 따위가 그것이다.

7) 참역(參譯) 양국의 글자를 검토하여 잘못이 없게 하는 직책이다. 즉 번역문을 다시 한 번 원문과 대조하여 검토하는 일이다. 여기서부터 문장을 다듬는 단계로 들어간다.

8) 간정(刊定) 지리한 데를 깎아 구절을 결정한다고 되어 있다. 문장의 검토가 시작되는 것이다. 이를테면 '명(明)'이란 무명(無明)이 없는 것이라 보아, '무무명(無無明)'이라 되어 있는 것을 지리하다 하여 두 '무(無)'를 삭제해서 다만 '명(明)'이라고 하는 따위이다.

9) 윤문(潤文) 승려로 임명하고 남향하여 자리를 잡는다고 되어 있으며, 역주(譯主) 다음 가는 중요 직책이다. 그 임무는 문장의 마지막 손질이다. 이를테면 『반야심경』의 번역에 보이는 '일체고액(一切苦厄)'이라는 구절은 산스크리트 원본에 없다. 또 '시고공중(是故空中)'이라 되어 있는 '시고'도 원본에는 안 보인다. 그것들은 윤문이 문장을 손질할 때 넣은 것이 분명하다.

이런 관제와 직책의 서술은 역경이 실제로 어떻게 이루어졌는지를 눈앞에 보듯이 전해 준다고 하겠다.

그것은 이 역경 사업이 결코 역주 한 사람의 손으로 이루어진 것이 아님을 보여 주고 있다. 이를테면 『묘법연화경』에는 구마라습(鳩摩羅什)이 역자로 기록되어 있으나, 라습이 외국에서 온 사문임을 생각할 때, 그 자신이 그렇게도 유창한 중국 문장을 쓸 수 있으리라고는 믿어지지 않는다. 그는 이미 중국어에 능통하여 시까지 지은 것이 사실이나, 그렇다고 하여 『법화경』의 명문이 그 한 사람의 손으로 이루어졌으리라고는 도저히 생각할 수 없다. 거기에는 많은 우수한 협력자가 있었을 것이며, 특히 그 윤문의 지위에는 아마도 탁월한 문학적 역량을 지닌 인재가 배치되었을 것이다.

다시 주목을 끄는 것은 그 번역이 매우 면밀하고, 또 원문에 충실한 것이라는 점이다. 그것은 요점만 간추려 번역한다는 따위와는 처음부터 다르다. 한 자 한 자가 세밀히 검토되고, 그것이 단어마다 중국어로 옮겨진다. 그 직분을 두고 본다면, 역주의 원문 낭독에서 증의·증문까지는 원문의 이해와 검토의 단계이다. 그리고 참역·간정·윤문의 단계에서 다시 역문이 검토되고 마지막 손질이 가해진 것이다.

구역과 신역

이렇게 이루어진 번역은 시대와 양식에 따라 '구경(舊經)'과 '신경(新經)'으로 구분하고, 또 '구역(舊譯)'과 '신역(新譯)'으로 나누기도 한다. '구경'과 '신경'으로 나누는 것은 양(梁)나라의 승우(僧祐, 445~518)의 『출삼장기집(出三藏記集)』에서 비롯하니, 서진(西晉, 265~316)이전의 역경을 '구경'이라 하고, 후진(後秦, 384~417) 이후의 그것을 '신경'이라 한다. 구라마습의 역경 사업―그가 장안의 소요원에 기거하면서 역경에 종사한 것은 홍시(弘始) 3년(401) 말부터 동 15년(413) 70세의 나이로 죽을 때까지인바, 그 동안에 번역한 것은 35부 300여 권에 미친다―이 획기적인 것이기 때문이다. 또 '구역'과 '신경'의 구분은 현장이 주장한 것이며, 거기에 획기적인 번역 양식의 변화를 가져오게 한 이는 딴 사람 아닌 현장 자신이다. 이 사실은 한역 경전을 논할 때 극히 중요한 문제이므로 좀 상세히 언급해 두고자 한다.

먼저 언급해 두지 않을 수 없는 것은 역주(譯主)의 문제이다. 현장 이전에는 역주의 구실을 맡은 사람은 대개 외국의 사문들이다. 그런 경우에는 중국 승려가 인도의 언어에 능통해서 역주가 되는 것에 비해 그 번역에 차이가 생기는 것은 당연한 일일 터이다. 이를테면 앞에 언급한 구마라습은 구역(舊譯)의 대표적 존재로 평가되는 인물이거니와, 그가 역주가 되어 중국 학승(學僧)들의 협력을 얻어 번역한 경우를 생각할 때, 그것은 후년에 와서 중국인인 현장이 역주가 되어 역경에 종사할 경우와는 당연히 여러 가지 면에서 사정이 다를 것임에 틀림없다. 후일의 불교 학자들이 흔히 구마라습의 번역을 평하여, 매우 달의적(達意的)이기는 하나 세부적인 것을 덜 보는 경향이 있다고 한 것도 당연한 귀결이라고 해야 될 일이겠다.

그런데 현장이 나타남으로써 그 사정은 일변한다. 그에 의해서 중국 불교는 비로소 참으로 탁월한 역경자를 중국인 속에서 발견하게 된 것이다. 그가 인도의 나란다(那蘭陀)에서 공부한 기간은 5년쯤 되는데, 그 동안에 그가 습득한 산스크리트 지식은 확실히 중국 역대의 학승 중에서는 비길 데 없이 고도한 것이라고 생각된다. 아마도 그의 본질은 섬세하고 치밀한 어학자인지도 모른다.

그러한 그가 역주로서 역경에 종사하게 되자, 당연한 일이지만 종래보다 어학적으로 더 세심하고 정확한 번역을 주장하기에 이른다. 이를테면 구마라습 같은 이는 '프리타그자나(Pritagjana)'를 '범부(凡夫)'라고 옮긴다. 그것 또한 명역이지만, 다시 세부적으로 따지고 든다면 그 역어는 원어와 구성을 좀 달리하고 있음이 틀림없다. 이 말은 본디 pṛitak와 jana의 합성어이다. 어리석어서 언제까지나 깨닫지 못하고, 서로 다른 온갖 삶을 되풀이한다는 정도의 말이다. 그 배후에는 인도적인 윤회 사상이 엄존하고 있는 것이다. 그것을 구마라습은 '범부'라 의역하거니와, 현장은 그것이 알맞지 않다고 보아 새로이 그것에 '이생(異生)'이라는 역어를 충당시킨다. 그렇게 하여 현장은 원어에 더 충실한, 따라서 어느 쪽이냐 하면 약간 직역에 가까운 번역 방식을 써서, 이제까지의 불교 술어 번역을 일변시켜 버린다. 그래서 종래의 것을 '구역'이라 부르고, 현장에 의해 새로이 번역된 것을 '신역'이라 일컫게 된 것이다.

그러나 번역이란 어디까지나 어려운 것이어서, 신역이 좋으냐 구역이 좋으냐 하는 문제가 되면 일률적으로 말하기 어려운 점이 있는 것이 사실이다. 현장의 번역에도 좋은 점이 있으나, 구마라습의 그것에도 뛰어난 면이 있는 까닭이다. 이를테면 구마라습이 번역한 『묘법연화경』은 오랜 세월에 걸쳐 명역이라는 칭송을 들으며 오늘에 이른다. 이를테면 '관세음(觀世音)'이니 '범부'니 하는 술어는 지금도 여전히 신역의 '관자재(觀自在)'니 '이생'이니 하는 역어보다 널리 쓰인다. 이에 대해 현장에서 시작되는 신역의 술어는 불교의 심리학적 방면에서 널리 쓰이고 있다. 그런 방면에서는 그 치밀 정확한 번역 방식이 안성맞춤인 까닭이리라.

대장경의 성립

불교 경전을 총칭하는 용어로서 옛날에는 '트리 피타카(Skt., tripiṭaka, Pāli, ti-piṭaka)' 즉 '삼장(三藏)'이라는 말을 썼다. 피타카란 광주리 또는 그릇을 뜻하는 말인데, 일체의 경전을 세 피타카로 분류하여, 트리 피타카 즉 삼장이라고 한 것이다.

첫째는 법장(法藏, Dhamma-piṭaka) 또는 경장(經藏)이다. 붓다의 교법 또는 그 양식을 취한 교법을 기록한 경전의 총칭이다. 그 양식이란 이미 말한 바와 같이 "이같이 나는 듣자왔다(如是我聞)."라는 문구로 시작되는 것을 말함이니, 그것은 다음의 논장(論藏)·율장(律藏)에는 없는 일이다.

둘째는 율장(Vinaya-piṭaka)이다. 계율에 관한 책들을 수록한

것을 일컫는 말이다. 붓다는 죽음을 앞에 놓고 제자들에게

"내가 설하고 가르친 법(法)과 율(律)은 내가 죽고 난 다음에 너희의 스승이 되리라."

고 말씀한다. 그 법과 율이 이 첫째와 둘째 피타카의 원류인 셈이다.

셋째는 논장(論藏, Abhidhamma‑pitaka)이다. 논이란 abhidhamma(Skt., abhidharma)의 역어이니, 음사는 '아비담(阿毘曇)' 또는 '아비달마(阿毘達磨)'라고 한다. 또 직역에 가깝게 '대법(對法)'이라고 번역하는 수도 있다. 법에 대해서 해석한다는 정도의 뜻이다. 이 논장의 성립이 다른 두 장에 뒤질 것임은 말할 나위 없다.

이에 대해 마찬가지로 불교 경전을 총칭하여 '대장경(大藏經)'이라 하는 것은 중국에서 꽤 후대에 와서 시작된 이름이다. 불교가 중국에 퍼지면서 한역 경전은 차차 그 수효가 늘어난다. 4세기경 전진(前秦)의 도안(道安)이 편찬한 『종리중경목록(綜理衆經目錄)』에 기록된 것은 611부 858권이지만, 8세기 초에 당나라 지승(智昇)이 엮은 『개원석교록(開元釋敎錄)』에 의하면 1,078부 5,048권이나 된다. 그리고 10세기 중반께 전법원(傳法院)에 인경원(印經院)이 부설되어 경의 인쇄가 시작됨에 이르러, 비로소 대장경이라는 명칭이 널리 쓰이게 된다. 그 이유로서 생각되는 것의 하나는 '삼장'이라는 말이 주로 소승 경전을 뜻

하게 된다는 사실이며, 또 하나는 그때까지 사본(寫本)밖에 없던 것이 이제는 집대성되어서 목각판으로 간행됨으로써, 한 경장(經藏) 즉 서고(書庫)에 보존되기에 이르기 때문이라고 생각된다.

그리고 중국에서 인각(印刻) 간행되어 일본에까지 전해진 주요한 대장경을 들어 보면 다음과 같다.

1) 송장(宋藏) 송나라 시대에 개판(開版)된 대장경의 총칭이니, 이른바 촉본(蜀本) 외에 몇 가지가 있다. 촉본은 북송의 태종의 발원에 의해 개보(開寶) 4년(971)에서부터 태평흥국(太平興國) 8년(983) 사이에 성도(成都)에서 개판된 것인데, 먼저 『개원석교록』에 기록된 1,078부 5,048권에 각하고, 뒤에 다시 약 360부를 추가한다. 이것이 대장경 개판의 효시이다.

2) 고려장(高麗藏) 한국의 고려 시대에 개판된 대장경이니, 이것에는 초각본과 재각본이 있다. 전자는 현종(顯宗) 2년(1011)부터 간행되기 시작하고, 후자는 고종(高宗) 23년(1236)에 착수되는데, 1,524부 6,557권을 집록한다. 그 교정이 엄밀한 것으로 유명하다.

3) 원장(元藏) 항주본(杭州本)이라고도 한다. 원(元)의 세종(世宗) 지원(至元) 14년(1277)경 항주의 보령사(普寧寺)에서 도안(道安)이 개판한 것이다. 1,437부 6,018권을 수록하고 있다.

4) 명장(明藏) 명나라 시대에 개판된 대장경의 명칭이니, 그 주요한 것에 남장(南藏)과 북장(北藏)이 있다. 전자는 영록(永祿) 18년(1420)에 개판하여 1,612부 6,331권을 수록하고, 후자는 정통(正統) 5년(1440)에 완성하기까지 1,615부 6,361권을 수집한 것이다.

5) 청장(淸藏) 청나라 세종(世宗)의 명령으로 건륭(乾隆) 3년(1738)에 완성된 대장경으로 1,669부를 수록하고 있다.

그리고 일본에서도 17세기경부터 한역(漢譯) 대장경의 간행이 시작되어, 동예산판(東叡山版)·황벽판(黃檗版)·축쇄장경(縮刷藏經)·대정대장경(大正大藏經) 따위가 개판된다. 특히 대정대장경은 대정 13년(1924)에 개판된 것인데, 현재 가장 널리 보급되어 있다. 그 대장경이 갈무리하는 것은 전 100권(圖像과 총목록을 포함) 속에 3,053부 11,970권이나 된다. 또 현대에는 대장경이라는 명칭이 한역 외의 경전에도 널리 쓰이어서 『남전대장경』(실론 소전의 팔리 삼장의 번역), 『서장대장경』(티벳 소전의 티벳 어로 번역된 장경의 사진판) 같은 것이 일본에서 간행된 바 있다.

중국의 종파

중국 불교의 여러 종파

이미 말한 바와 같이 인도 불교에서 부파가 분열된 역사나 대승이 대두한 경위는 항상 경전의 문제를 중심으로 하여 전개되거니와, 이제 중국 불교의 종파들도 역시 모두가 경전 문제를 중심으로 하여 논해져야 할 것이겠다. 일본에서는 예로부터 중국 불교에 13종(宗)이 있다고 일컫곤 한다. 그것은 동대사(東大寺)의 교넨(凝然, ?~1321)의 저서 『팔종강요(八宗綱要)』에서 나온 말인바, 반드시 정확하다고만은 하기 어렵다. 이를테면 삼계교(三階教)와 같이 이미 탄압에 의해 소멸되어 버린 것들은 무시되고 있는 것이다. 또 종파의 개념이 명확치 못하므로, 다시 다른 종파명을 추가해야 된다고 주장한 학자들도 적지 않다. 그리고 이 문제를 다시 따져 보면, 우리는 당연히 중국의 불교에서는 어떠한 것이 종파로서 인정되는지를 살피지 않을 수가 없게 된다. 그때 이 문제의 중심에 떠오르는 것이 또한 경전의 문제이다.

중국인들은 머나먼 인도로부터 불교를 수입하고, 또 역사적 발전의 순서와는 관계없이 그 문헌을 받아 번역한다. 그러므로 연구나 신앙에 임해서, 먼저 어느 특정한 경이나 율이나 논을 선택하여 그것을 중심으로 불교를 이해하려 한 것은 당연한 귀결이라고 아니 할 수 없다. 그것은 마치 철학을 공부하는 사람이 칸트의 저서를 중심으로 하거나, 데카르트의 저술을 중심으로 하거나, 아리스토텔레스의 문헌을 중심으로 해서 배우는 것과 비슷하다. 그리고 그런 각도에서 중국 불교의 여러 종파를 분류해 보면, 먼저 논종(論宗)이라고나 해야 할 몇 개의 종파가 있음을 알게 된다.

1) 비담종(毘曇宗) 유부(有部, Skt., Sarvāstivādin)의 논서(論書), 이를테면 『아비담팔건도론(阿毘曇八犍度論)』과 『아비담심론(阿毘曇心論)』 따위를 중심으로 하는 학파이다.
2) 성실종(成實宗) 구마라습이 번역한 『성실론』을 연구하는 학파이다. 이 논을 대승이라고 보느냐 소승이라고 보느냐 하는 문제를 가지고 오랫동안 논의가 분분하나, 지의(智顗) 같은 이가 소승이라고 판정함으로써 쇠미해진다.
3) 삼론종(三論宗) 구마라습이 번역한 『중론(中論)』·『백론(百

論)』・『십이문론(十二門論)』을 중심으로 연구하는 학파이다. 이것에 역시 구마라습이 번역한『대지도론(大智度論)』을 추가하여 연구하는 사람들을 사론종(四論宗)이라고 일컬은 적도 있다.

4) 섭론종(攝論宗) 진제(眞諦)가 번역한『섭대승론(攝大乘論)』과『섭대승론석(攝大乘論釋)』을 연구하는 학파이다. 이 논에는 그 이전에도 다른 사람의 번역이 있으나, 진제의 번역이 나타남으로써 그 연구가 왕성해진다.

5) 법상종(法相宗) 현장(玄奘)이 번역한『성유식론(成唯識論)』에 의거해서, 그 제자 규기(窺基, 632~682)를 중심으로 성립한 학파이다. 인도에서 유가파(瑜伽派) 또는 유식파(唯識派)라고 불린 것들 중에서 특히 다르마파라(Dharmapāla) — 호법(護法) — 의 학설을 계승한다.

6) 지론종(地論宗) 보리유지(菩提流支, Bodhiruci)가 번역한『십지경론(十地經論)』에 의거하는 학파이다. 이 논은『화엄경』에서 보살의 수행 단계를 설한 '십지품(十地品)'을 주석한 것이니, 후일 화엄종이 성립함에 이르러 그 속에 흡수된다.

이것들은 각기 논장에 들어 있는 논을 중심으로 하여 불교를 연구하는 종파이기에 흔히 논종(論宗)이라고 부른다. 논종은 모두 학파적 경향이 농후하고, 또 인도 불교의 직접적 영향이 강하다. 그 논서들이 전부 인도 학자의 저술이기 때문이다.

율장(律藏) 소속의 문헌을 중심으로 종파가 된 것은 다음 하나이다.

7) 율종(律宗)   중국에서는 네 부파의 율이 번역된다. 『십송률(十誦律)』(404)・『사분율(四分律)』(408)・『마하승기율(摩訶僧祇律)』(418)・『오분율(五分律)』(424)이 그것이다. 그 중에서도 『사분율』의 연구가 널리 행해져, 도선(道宣, 596~667)의 계통이 번창한다. 이를 남산종(南山宗)이라고 한다.

이 밖에 『십송률』 또는 『마하승기율』을 내세우는 유파도 있다. 『사분율』은 법장부(法藏部, Dharmagupta) 소속이거니와, 그것은 또한 대승과도 통한다고 생각되어서 널리 행해진 것이리라.

그 셋째 그룹은 경을 소의(所依)로 하는 종파이다. 그것으로는 일단 다음의 다섯 종파를 들을 수 있을 것이다.

8) 열반종(涅槃宗)   담무참(曇無讖, Dharmakshema, 385~433)이 번역한 『대반열반경』(40권본, 북본 열반이라 함)을 중심으로 하는 종파이다.

9) 천태종(天台宗)   구마라습이 번역한 『묘법연화경』을 숭상하는 종파이다. 혜문(慧文, 505~577)・혜사(慧思, 515~577)・지의(智顗, 538~597)의 순서로 전해 오다가, 지의에 이르러서 대성한다.

10) 화엄종(華嚴宗)   구역(60권본)과 신역(80권본)의 『화엄경』에 의거하는 종파다. 두순(杜順, 557~640)・지엄(智儼, 602~

668)·법장(法藏, 643~712)의 순서로 계승되다가, 법장에 이르러 대성한다.

11) 정토종(淨土宗) 강승개(康僧鎧, Saṃghavarman ; 252년에 낙양에 와서 254년에 죽음)가 번역한 『무량수경(無量壽經)』을 근거로 한다. 이 계통은 몇 개의 유파로 갈리고, 독립된 한 종파라기보다는 여러 학파·종파 사람들이 자기 입장에서 정토 신앙을 지니게 됨으로써 번창한다.

12) 진언종(眞言宗) 선무외(善無畏, Śubhakarasiṃha, 637~735)가 번역한 『대일경(大日經)』을 중심으로 하는 밀교(密敎) 경전에 의거하는 종파이다. 선무외의 뒤를 이어 밀교 승려인 금강지(金剛智, Vajrabodhi, 671~741)·불공(不空, Amoghavajra, 705~774)이 건너오고, 또 일행(一行, 683~727)은 선무외의 설에 따라 『대일경소(大日經疏)』를 만든다. 그러나 얼마 안 가서 당나라 무종(武宗)의 불교 탄압을 겪고, 계속하여 당말(唐末)·오대(五代)의 불교 쇠퇴기를 만나게 되어, 끝내 종파로서 대성하지는 못한다.

이것들은 경장에 수록된 경을 소의(所依)로 하는 종파이므로 흔히 경종(經宗)이라고 부른다. 경종은 논종과 비길 때 종파로서의 양상이 퍽 다르다. 즉 학파적 요소가 퇴조하는 대신 신앙적 요소가 더해지는 것이다.

하기는 경종 속에도 여전히 학파적 경향이 강하게 남는 것도 있으나, 그런 중에서도 얼마간 실천이나 신앙에 대한 열정이 싹

튼다. 그런 경향은 천태종과 화엄종에서 현저하고, 독립된 한 종파로까지는 발전하지 못하지만 정토교에 이르러 최고조에 도달한다. 또 그런 경향과 아울러 차차 중국화의 경향도 더하는 것을 주목해야 되리라. 그러나 지금은 그에 앞서 다른 두 종파에 대해 더 말해 두고자 한다.

13) 삼계교(三階教) 수(隋)의 신행(信行, 540~594)에 의해 창시되나, 7·8세기 사이에 탄압을 받고 완전히 자취를 감춘다. 신행은 당시에 차차 대두되기 시작한 말법(末法) 사상에 입각하여 불교를 세 단계로 나누고, 이제는 제3단계의 불교라야 된다고 주장한다. 그 점에서 보면, 중국이나 일본의 정토교와 출발점이 같다고 하겠으나, 지향하는 바는 전혀 다르다. 그것을 그는 '보법(普法)'이라 일컬어

"일체의 삼보에 귀의하고 일체의 악을 끊고 일체의 선을 닦으라."

고 설한다. 곁들여 말한다면 이 삼계교의 전모는 돈황(敦煌)에서 나온 자료에 의거한 야부키(矢吹慶輝)의 저서 『삼계교의 연구』로 거의 다 밝혀져 있다. 특별한 소의 경전은 없다.

14) 선종(禪宗) 이 종파도 또한 소의 경전을 세우지 않고, 도리어 교외 별전(教外別傳)임을 주장한다. 그 계보를 살펴보

면, 기원 520년경 바다로 남중국에 이른 보리달마(菩提達磨, Bodhidharma, ?~528)를 제1조(祖)로 하고, 제6조인 혜능(慧能, 638~713) 이후에 교세가 융성해진다. 그 상세한 것은 앞에서 말한 바 있거니와, 그 종풍(宗風)은 중국 불교 중에서도 가장 중국화된 것이라고 볼 수 있다.

이 두 종파는 소의 경전을 세우지 않고, 도리어 경이나 논을 중심으로 하는 불교의 양상에 대해 비판적 태도를 보인다. 선종이 교외 별전을 주장하는 것이 그 대표적인 보기라고 하겠다. 그리고 여기에 이르면 중국 불교는 인도 불교의 규범을 벗어나서, 진정한 의미에서의 중국 불교가 된 것이라고 할 수 있을 터이다.

교상 판석(敎相判釋)

이미 말한 바와 같이 선종이야말로 중국 불교의 대표적인 종파이거니와, 한편으로 중국적인 불교가 그것뿐이라고는 할 수 없다. 무릇 천태종과 화엄종은 학문적인 불교로서 역시 중국 불교라고 부르기에 손색이 없는 까닭이다.

천태종과 화엄종은 다 경종(經宗)으로서, 경장 소수(所收)의 경전을 소의로 하여 성립한 종파이다. 『묘법연화경』과 『화엄경』이 그 종파들의 소의 경전이다. 그리고 그것들은 둘 다 고도의 사상적 내용을 지니고 있다. 예로부터의 용어로 말한다면, 전자가 나타내는 것은 제법실상(諸法實相)의 법문(法門)이요, 후자의 그것은 유심연기(唯心緣起)의 법문이다. 어느 것이나 고도의 존재론이다. 현대식 표현을 쓴다면, 그 전자는 존재 하나하나가 그대로 일체 존재의 온갖 조건을 구비하고 있다고 보는 사고 방식이다. 거기에는 한 송이 꽃에서도 우주 법칙의 충일(充溢)을 본다는 따위, 시인의 직관을 생각게 하는 존재론이 면밀하고도 아리땁게 설해져 있다.

그 후자는 존재의 양상을 모두 법성(法性)—진여(眞如)—의 전개로서 파악하는 사고 방식이다. 법장은 일찍이 법성이 무한히 전개하는 모양을 다음과 같이 해서 사람들에게 보여 준 일이 있다. 우선 거울을 열 개 준비하여, 그것들을 상하와 팔방에 각기 일장(一丈) 남짓 떨어지게 걸어 놓는다. 그러고는 그 방안에 불상(佛像) 한 개를 놓고, 그것을 등불로 비춘다. 그러자 빛과 그림자가 상하와 팔방을 향해 무한히 번진다. 그런 식으로 그는 『화엄경』이 말하는 존재론을 사람들에게 일러 준 것이다. 다시 한 번 예로부터의 용어로 말한다면, 천태는 '성구(性具)'를 나타내고, 화엄은 '성기(性起)'를 논한다고 함이 이것이다.

여기서 천태와 화엄의 교리를 논할 의도는 없거니와, 이런 존재론을 이해한다는 것이 어쨌든 쉬운 일은 아님이 확실하다. 후일 일본의 불교에서는 이 두 경전을 신앙 중심으로 받아들이지만, 중국에서는 그런 종파들이 성립하면서 경전을 훨씬 더 학문적인 태도로 대한 사실을 잊어서는 안 되겠다. 정면에서 그 고도한 사상적 내용과 대결한 것이다. 그리고 이런 태도에 의해 두 종파가 중국 불교를 대표할 정도로까지 대성한 것은 주로 지의와 법장이라는 우수한 학승(學僧)이 나타났기 때문일 터이다. 이제 잠깐 그 두 사람의 업적에 대해 살펴보자.

지의는 천태종의 제3조인데, 흔히 천태 대사(天台大師)라고 불리기도 한다. 주요한 저술에 『법화문구(法華文句)』・『법화현의(法華玄義)』・『마하지관(摩訶止觀)』의 세 가지가 있어서, 이를 천태 삼대부(天台三大部)라고 일컫는다. 그것들은 모두 강론하는 자리에서 구술한 것을 제자인 관정(灌頂, 561~632)이 필기한 것이다. 이 밖에도 『관음현의(觀音玄義)』・『관음의소(觀音義疏)』・『금광명현의(金光明玄義)』・『금광명문구(金光明文句)』・『관경소(觀經疏)』가 있는데, 이것들을 천태 오소부(天台五小部)라고 한다. 이러한 주소(注疏)가 그에 의해 정연히 구비되자, 그 때부터 이 경을 이해하고자 하는 사람들은 모두 중국의 주소에 따르게 된다. 중국의 대표적인 두뇌를 불교인 중에서 고른다고 하면, 나는 이 천태 대사를 꼽고 싶다. 그의 '오시팔교(五時八敎)'의 교상 판석 같은 것을 볼 때 참으로 그런 느낌을 갖지 않을 수 없는 것이다. 그는 널리 경전을 섭렵한 끝에, 붓다의 설법을 다음과 같은 다섯 시기로 나누어 생각한다.

1) 화엄시(華嚴時) 붓다는 보리수 밑에서 정각을 성취하자, 먼저 그 정각의 내용을 그대로 설한다. 그러나 듣는 사람들은 귀머거리처럼 전혀 이해하지 못한다.
2) 아함시(阿含時) 『화엄경』 설법을 경험한 붓다는 그것을 비근하고도 구체적인 가르침으로 만들어서 사람들에게 설한다.

듣는 사람들은 그것에 의해 붓다의 가르침이 거짓이 아님을 알게 된다. 아함시는 녹원시(鹿苑時)·유인시(誘引時)라고도 하며, 그 내용을 담은 것이 아함부의 여러 경이라는 것이다.

3) 방등시(方等時) 방등(Vaipulya)이란 대승 일반을 이르는 말이다. 아함부의 여러 경을 12년 동안 설한 붓다는 차차 『유마경』이나 『승만경』 같은 대승 경전을 설하기 시작한다. 소승을 버리고 대승으로 향하게 하고자 한 의도인데, 때로 소승의 성자(아라한)까지도 질책하는 일이 있기 때문에 탄가시(彈呵時)라고도 한다.

4) 반야시(般若時) 방등의 여러 경을 설한 지 8년만에 붓다는 다시 『반야경』을 설하기 시작한다. 거기서는 이미 소승을 버리고 대승을 취한다는 따위의 차별을 떠나서, 일체개공(一切皆空)의 이치를 이해시키고자 한다. 이것을 또한 도태시(淘汰時)라고도 부른다.

5) 법화 열반시(法華涅槃時) 『반야경』을 설하고 22년이 지난 다음, 다시 8년에 걸쳐서 『법화경』을 설하고, 또 최후의 일주야에 걸쳐서 『열반경』을 설한다는 것이다. 이제까지의 아함·방등·반야의 여러 경은 모두가 방편적인 가르침(權敎)이며, 『법화경』에 이르러서야 비로소 여래가 세상에 나온 목적인 일체 중생이 다 성불한다는 이상을 설한다고 본다. 또 『열반경』이 말하는 바는 이제 『법화경』의 혜택에서 빠지는 이가 있어도 법신 상주(法身常住)의 도리에 의해 마

침내 성불할 때가 있을 것임을 보증함으로써, 『법화경』이 보인 실개성불(悉皆成佛)이라는 이상의 실현을 뒷받침한 것이라고 한다.

여기서 마지막 법화 열반시에 관한 생각은 일종의 경전 비판이어서, 중국의 불교 학자는 이런 일을 '교판(敎判)' 또는 '교상판석(敎相判釋)'이라고 일컫는다. 이것은 주로 중국에서 발달한다. 중국에서는 여러 경들이 그 성립 순서와는 관계 없이 수입되고 번역된다. 따라서 그들은 그것들을 역사적 성립의 필연성으로 이해하지 못한다. 말하자면 그들은 그것들을 모두 눈앞에 늘어 놓고, 그 하나하나의 가치를 어떻게 이해하느냐에 대해 견해를 표명한다. 그럼으로써 불교 전체의 파악 방식을 말하고, 자기 종파에서 중시하는 경전이 최고임을 밝히는 방법을 택한다. 그것이 이른바 교상 판석이거니와, 천태 대사 지의에 의해 수립된 '오시(五時)'의 교판은 그 중에서도 가장 이론이 정연하고 설득력이 있다. 그래서 이 교판이 이후 오랜 세월에 걸쳐 중국과 한국과 일본의 불교를 지배하게 된다.

그런데 이제 와 생각할 때, 이 교판은 퍽 중국적이라고 할 수가 있다. 그것은 아주 구체적이어서, 체계적이라고 하기보다는 오히려 설화를 읽은 듯한 느낌이 들기까지 한다. 그럼에도 불구하고 그 배후에는 확고한 자료적 근거가 있어서, 여러 경전은 각기 그 제작 과정이 설명되고, 동시에 그것에 의해 가치 판단이 내려지는 것이다. 특히 『법화경』이 붓다 일생의 궁극적 설법임이 탁월한 설득력을 가지고 설명되고 있다. 이 교판이 오래 중국을 비롯한 극동 지역의 불교를 지배한 것도 당연한 일이라고 생각된다. 하지만 근대 불교학의 출현과 함께, 이 교판의 지배적 영향도 마침내 그 위력을 상실하게 된다.

법장(法藏, 643~712)은 화엄종의 제3조로서, 흔히 현수 대사(賢首大師)라고 일컫는다. 또 강장 대사(康藏大師)라고도 이르거니와, 조상이 서역(西域)의 강거(康居) 사람이던 까닭이리라. 그는 일찍이 실차난타(實叉難陀, Sikshānanda, 652~701)가 고탄으로부터 『화엄경』(80화엄)의 원본을 가지고 와서 번역(695~699)할 때에 필수(筆受)로서 그 일에 참가한다. 그러고 나서 다시 『화엄탄현기(華嚴經探玄記)』·『화엄오교장(華嚴五敎章)』·『화엄금사자장(華嚴金獅子章)』따위 100여권을 저술하여, 이 경을 이해하려는 사람은 모두 그 주소(注疏)에 의거하지 않을 수 없게 한다. 그가 세운 교판은 '오교 십종(五敎十宗)'이라 하여, 역시 중국과 한국과 일본에서 이루어진다.

이런 업적들은 모두 불교의 중국화를 나타내는 현상이다. 거기에는 중국의 두뇌에 의해 만들어진 주소가 있고, 중국인의 이해에 의해 체계가 세워진 교상 판석이 있다. 이리하여 동아시아의 불교인들은 완전히 중국화된 체계와 주석을 통해『법화경』이나『화엄경』을 이해할 수 있게 된 것이다. 그리고 한국의 불교와 일본의 불교가 각기 사소한 특징을 지니면서도, 이러한 중국 불교의 영향 밑에 있어 온 것은 두말할 나위가 없는 일이겠다.